Lua Vereinfacht

Ein Leitfaden für Anfänger zum Leistungsstarken Scripting

Gabriel Kroenenn

Inhaltsverzeichnis

Dein Lua-Abenteuer beginnt

Stell dir eine Programmiersprache vor, die klein, schnell und überraschend einfach ist, aber dennoch leistungsfähig genug, um Teile von riesigen Online-Spielen anzutreiben, Webserver zu versorgen, die Millionen von Anfragen bearbeiten, und sogar Künstlern dabei zu helfen, atemberaubende Visualisierungen zu erstellen. Diese Sprache ist Lua! Denk dabei nicht an eine schwere Industriemaschine, sondern eher an ein scharfes, anpassungsfähiges Werkzeugset, perfekt geeignet, um größeren Projekten Skripting-Fähigkeiten hinzuzufügen oder um flinke Anwendungen von Grund auf zu bauen. Dieses Kapitel ist dein Ausgangspunkt. Wir werden aufdecken, was Lua ausmacht, einen Blick auf seine interessante Herkunft werfen, sehen, wo es in der Welt einen Unterschied macht, und, was wichtig ist, deinen eigenen Computer darauf vorbereiten, Lua zu sprechen. Deine Reise in diese elegante Sprache beginnt genau hier.

Was macht Lua so besonders?

Also, was ist das Besondere an Lua? Warum sollte man es gegenüber den vielen anderen Sprachen wählen? Lua hat ein paar Kernideen, die es hervorheben.

Erstens ist es unglaublich **leichtgewichtig**. Der gesamte Lua-Interpreter (das Programm, das deinen Lua-Code ausführt) ist winzig, gemessen in Kilobytes, nicht Megabytes. Das macht es fantastisch für Situationen, in denen Ressourcen begrenzt sind, wie in Handyspielen oder eingebetteten Systemen (denk an Smart Devices oder Controller). Es verlangt nicht viel von deinem Computer.

Zweitens ist Lua **schnell**. Für eine Sprache, die interpretiert wird (gelesen und zur Laufzeit ausgeführt, anstatt vorher in Maschinencode kompiliert zu werden), schneidet Lua bemerkenswert gut ab. Sein einfaches Design ermöglicht eine effiziente Ausführung, die oft andere Skriptsprachen in Geschwindigkeitstests erreicht oder sogar übertrifft. Diese Leistung ist ein Hauptgrund, warum es für anspruchsvolle Aufgaben wie Spiellogik gewählt wird.

Drittens wurde Lua von Grund auf als **einbettbar** konzipiert. Das bedeutet, es ist einfach, Lua *in* Anwendungen zu integrieren, die in anderen Sprachen geschrieben sind, typischerweise C oder C++. Eine Anwendung kann Lua verwenden, um Benutzern das Schreiben von Skripten, das Anpassen von Verhalten oder das schnelle Prototyping von Funktionen zu ermöglichen, ohne den Kern-C/C++-Code zu berühren. Es fungiert wie ein steuerbarer Erweiterungsmechanismus.

Über diese technischen Punkte hinaus zeichnet sich Lua durch Folgendes aus:

- **Einfachheit**: Lua hat eine relativ kleine Menge an Kernkonzepten. Seine Syntax ist sauber und vermeidet unnötigen Ballast. Das macht es einfacher zu lernen und zu lesen als viele andere Sprachen. Du wirst nicht Dutzende von Wegen finden, um dasselbe zu tun; normalerweise gibt es einen klaren, idiomatischen Weg.
- **Portabilität**: Lua ist in sauberem ANSI C geschrieben, was bedeutet, dass es auf praktisch jeder Plattform laufen kann, die einen C-Compiler hat. Von riesigen Mainframes bis hin zu winzigen Mikrocontrollern, Windows, macOS, Linux, mobilen Betriebssystemen – Lua fühlt sich fast überall zu Hause.
- **Flexibilität**: Trotz seiner Einfachheit bietet Lua leistungsstarke Mechanismen zur Erstellung komplexer Strukturen. Sein einziges Werkzeug zur Datenstrukturierung, die **Tabelle** (die wir in Kapitel 6 gründlich untersuchen werden), kann zur Erstellung von Arrays, Wörterbüchern (Dictionaries), Objekten und mehr verwendet werden. Diese Flexibilität ermöglicht es dir, die Sprache an deine spezifischen Bedürfnisse anzupassen.

Diese Eigenschaften zusammen machen Lua zu einer pragmatischen Wahl für eine breite Palette von Problemen.

Ein Blick in Luas Vergangenheit

Jede Sprache hat eine Geschichte, und die von Lua ist ziemlich interessant. Sie entstand nicht in einem großen Unternehmen oder in einem rein akademischen Umfeld. Lua wurde 1993 in Brasilien an der Päpstlichen Katholischen Universität von Rio de Janeiro (PUC-Rio) geboren.

Seine Schöpfer – Roberto Ierusalimschy, Luiz Henrique de Figueiredo und Waldemar Celes – arbeiteten innerhalb von Tecgraf, der Computer Graphics Technology Group, die enge Verbindungen zu Petrobras, dem brasilianischen Ölgiganten, hatte. Petrobras benötigte Möglichkeiten, komplexe Ingenieursoftware zu konfigurieren und Ingenieuren (die nicht unbedingt erfahrene Programmierer waren) zu ermöglichen, Simulationen und Datenanalyseaufgaben anzupassen.

Zu dieser Zeit gab es keine perfekte Lösung. Bestehende Skriptsprachen waren oft zu komplex, nicht leicht über die verschiedenen von Petrobras genutzten Systeme portierbar oder hatten restriktive Lizenzen. Sie brauchten etwas Einfaches, Portables und leicht Einbettbares in ihre bestehenden C-Anwendungen. Da sie nichts Geeignetes fanden, beschlossen sie, ihre eigene Sprache zu entwickeln.

Sie kombinierten Ideen aus früheren Sprachen, die sie entwickelt hatten (DEL und Sol), und konzentrierten sich intensiv auf die Ziele Einfachheit, Portabilität und Einbettbarkeit. Der Name „Lua" bedeutet „Mond" auf Portugiesisch, ein passender Name für eine Sprache, die aus dem früheren „Sol" (Sonne) hervorging. Lua wurde von Anfang an entwickelt, um reale Probleme zu lösen, und dieser praktische Ursprung prägt seine Philosophie bis heute.

Lua in freier Wildbahn

Trotz seines relativ geringen Bekanntheitsgrads im Vergleich zu Giganten wie Python oder JavaScript wird Lua in einigen sehr bekannten und anspruchsvollen Umgebungen eingesetzt. Du bist Lua wahrscheinlich schon begegnet, ohne es überhaupt zu merken!

- **Spieleentwicklung:** Dies ist wohl Luas berühmtester Bereich. Seine Geschwindigkeit, sein geringer Speicherbedarf und seine einfache Einbettung machen es ideal für das Skripting von Spiellogik, Charakter-KI, Benutzeroberflächen und Ereignisbehandlung.

- **Roblox:** Verwendet Luau, einen Lua-Dialekt, als seine primäre Skriptsprache und ermöglicht Millionen von Benutzern, ihre eigenen Spiele und Erlebnisse zu erstellen.
- **World of Warcraft:** Ermöglicht Spielern, ihre Benutzeroberfläche mithilfe von Lua-Addons umfassend anzupassen.
- **Defold Engine, LÖVE (Love2D), Corona SDK (jetzt Solar2D):** Beliebte Game-Frameworks, die stark auf Lua aufbauen.
- Zahllose andere, von Indie-Hits bis hin zu AAA-Titeln wie *Civilization*, verwenden Lua oft für Skripting-Aufgaben.

- **Webserver und Infrastruktur:** Obwohl seltener für die allgemeine Webentwicklung, zeichnet sich Lua in Hochleistungsszenarien aus.

  - **OpenResty:** Eine leistungsstarke Webplattform, die auf Nginx aufbaut und Lua umfassend integriert. Sie ermöglicht Entwicklern, hocheffiziente Webanwendungen, APIs und Gateways direkt in Lua zu schreiben. Viele Websites mit hohem Traffic verwenden OpenResty/Lua, um Anfragen effizient zu bearbeiten.
  - **Kong:** Ein beliebtes Open-Source-API-Gateway, das auf OpenResty basiert.
  - **Redis:** Ermöglicht das Skripting von Datenbankinteraktionen mit Lua für atomare Operationen.

- **Anwendungserweiterung:** Viele Desktop-Anwendungen verwenden Lua als interne Skript-Engine.

  - **Adobe Lightroom:** Verwendet Lua für die Entwicklung von Plugins und die Automatisierung von Aufgaben.
  - **Neovim / Vim:** Moderne Texteditoren, die eine umfassende Anpassung über Lua ermöglichen.
  - **Wireshark:** Der Netzwerkprotokollanalysator verwendet Lua zum Schreiben von Dissectors und Taps.

- **Eingebettete Systeme:** Seine geringe Größe macht Lua für Geräte geeignet, bei denen Speicher und Rechenleistung begrenzt sind, obwohl C hier weiterhin dominant ist.

Dies ist nur eine Auswahl! Lua taucht überall dort auf, wo Bedarf an einer schnellen, leichtgewichtigen und leicht einbettbaren Skriptsprache besteht. Sein pragmatisches Design hat ihm in diesen Nischen eine treue Anhängerschaft eingebracht.

Richte deinen Lua-Spielplatz ein

Genug geredet, bringen wir Lua auf deinem Computer zum Laufen! Glücklicherweise ist dies normalerweise ein unkomplizierter Prozess.

Lua besorgen

Wie du Lua installierst, hängt von deinem Betriebssystem ab:

- **Linux:** Lua ist oft über den Paketmanager deiner Distribution verfügbar.
  - Unter Debian/Ubuntu: `sudo apt update && sudo apt install lua5.4` (oder `lua5.3`, `lua5.2`, `lua5.1`, je nach Verfügbarkeit und Präferenz – wir konzentrieren uns auf modernes Lua, aber die Konzepte sind ähnlich).
  - Unter Fedora: `sudo dnf install lua`
  - Unter Arch: `sudo pacman -S lua`
- **macOS:** Der einfachste Weg ist oft die Verwendung eines Paketmanagers wie Homebrew.
  - Mit Homebrew: `brew install lua`
- **Windows:** Du hast ein paar Optionen:
  - **Lua Binaries:** Du kannst vorkompilierte Windows-Binärdateien direkt vom LuaBinaries-Projekt herunterladen (oft über eine Websuche nach „Lua Binaries download" zu finden). Lade das Paket herunter, entpacke es, und du findest `lua5x.exe` (z. B. `lua54.exe`). Es ist hilfreich, das Verzeichnis, das diese ausführbare Datei enthält, zur PATH-Umgebungsvariable deines Systems hinzuzufügen, damit du es von jeder Eingabeaufforderung ausführen kannst.
  - **Scoop:** Wenn du den Scoop-Kommandozeilen-Installer für Windows verwendest: `scoop install lua`
  - **WSL (Windows Subsystem for Linux):** Wenn du WSL eingerichtet hast, kannst du den Linux-Anweisungen in deiner WSL-Umgebung folgen.

Um zu überprüfen, ob Lua installiert und über dein Terminal oder deine Eingabeaufforderung zugänglich ist, tippe einfach:

```
lua -v
```

Wenn es korrekt installiert ist, solltest du etwa Folgendes sehen:

```
Lua 5.4.6 Copyright (C) 1994-2023 Lua.org, PUC-Rio
```

(Die genaue Versionsnummer kann abweichen, was zum Lernen normalerweise in Ordnung ist.) Wenn du einen Fehler wie „Befehl nicht gefunden" erhältst, überprüfe deine Installationsschritte und stelle sicher, dass sich der Speicherort von Lua in deinem Systempfad (PATH) befindet.

Begegnung mit dem Lua-Interpreter

Der einfachste Weg, mit Lua zu interagieren, ist über seinen interaktiven Interpreter. Tippe einfach lua in dein Terminal oder deine Eingabeaufforderung und drücke Enter:

```
lua
```

Du siehst die Lua-Versionsinformationen erneut, gefolgt von einer Eingabeaufforderung, normalerweise einem einzelnen Größer-als-Zeichen (>):

```
Lua 5.4.6 Copyright (C) 1994-2023 Lua.org, PUC-Rio
> _
```

Jetzt kannst du Lua-Befehle direkt eingeben, und Lua wird sie sofort ausführen. Versuchen wir das traditionelle erste Programm:

```
> print("Hallo vom Interpreter!")
```

Drücke Enter, und Lua antwortet:

```
Hallo vom Interpreter!
> _
```

Die print-Funktion zeigt einfach an, was immer du ihr gibst (in diesem Fall den Text-String "Hallo vom Interpreter!"). Wir werden print häufig verwenden, um Ergebnisse zu sehen.

Du kannst auch schnelle Berechnungen durchführen:

```
> 2 + 2
```

Ausgabe:

```
4
> _
```

Um den interaktiven Interpreter zu verlassen, kannst du normalerweise `os.exit()` eingeben oder `Strg+Z` und dann Enter unter Windows oder `Strg+D` unter Linux/macOS drücken.

```
> os.exit()
```

Der interaktive Modus eignet sich hervorragend zum Ausprobieren kleiner Code-Schnipsel oder zum Erkunden der Funktionsweise von Funktionen.

Lua-Skripte aus Dateien ausführen

Während der Interpreter für schnelle Tests praktisch ist, werden die meisten echten Programme in Dateien geschrieben, die oft Skripte genannt werden. Erstellen wir eines.

1. Öffne einen einfachen Texteditor (wie Notepad unter Windows, TextEdit unter macOS - im reinen Textmodus!, gedit unter Linux, VS Code, Sublime Text usw.). **Verwende keinen** Textverarbeitungsprogramm wie Microsoft Word, da diese zusätzliche Formatierungen hinzufügen.

2. Gib die folgende Zeile in den Editor ein:

```
print("Hallo von meinem ersten Lua-Skript!")
```

3. Speichere die Datei mit der Erweiterung `.lua`. Nennen wir sie `hallo.lua`. Stelle sicher, dass du weißt, in welchem Verzeichnis du sie gespeichert hast.

4. Öffne dein Terminal oder deine Eingabeaufforderung erneut.

5. Navigiere zu dem Verzeichnis, in dem du `hallo.lua` gespeichert hast. Du verwendest den Befehl `cd` (change directory) dafür. Zum Beispiel, wenn du es in einem Ordner `LuaProjekte` auf deinem Desktop gespeichert hast:

   - Linux/macOS: `cd ~/Desktop/LuaProjekte`
   - Windows: `cd %USERPROFILE%\Desktop\LuaProjekte` (Passe den Pfad nach Bedarf an!)

6. Sage nun dem Lua-Interpreter, dass er die Skriptdatei ausführen soll:

```
lua hallo.lua
```

Lua führt den Code in der Datei aus, und du solltest die Ausgabe sehen:

```
Hallo von meinem ersten Lua-Skript!
```

Du hast gerade dein erstes Lua-Skript geschrieben und ausgeführt! Dieser Prozess – Code in eine .lua-Datei schreiben und ihn mit dem lua-Befehl ausführen – ist, wie du die meisten deiner Lua-Programme entwickeln wirst.

Kapitelzusammenfassung

In diesem Kapitel haben wir das Wesen von Lua enthüllt – seine Leichtgewichtigkeit, Geschwindigkeit und Einbettbarkeit, gepaart mit einer Philosophie der Einfachheit und Portabilität. Wir sind zu seinen praktischen Ursprüngen in Brasilien zurückgereist und haben seine weit verbreitete Nutzung gesehen, insbesondere in der Spieleentwicklung und in Hochleistungs-Websystemen. Am wichtigsten ist, dass du erfolgreich deine Lua-Umgebung eingerichtet und sowohl über den Interpreter als auch durch Ausführen deiner allerersten Skriptdatei damit interagiert hast.

Du verfügst nun über die grundlegenden Werkzeuge und den Kontext. Im nächsten Kapitel beginnen wir, deinen Lua-Wortschatz aufzubauen, indem wir lernen, wie man Informationen mithilfe von Variablen speichert und die fundamentalen Datentypen versteht, die die Bausteine jedes Lua-Programms bilden. Fangen wir an, mit dem Computer zu sprechen!

2

Mit deinem Computer in Lua sprechen

Okay, du hast in Kapitel 1 erfolgreich deine Lua-Umgebung eingerichtet und bewiesen, dass du Lua-Code ausführen kannst. Jetzt ist es an der Zeit, die eigentliche Sprache zu lernen – die Wörter und die Grammatik, die Lua versteht. Stell es dir vor wie das Erlernen der grundlegenden Satzstruktur, bevor du eine Geschichte schreiben kannst. In diesem Kapitel behandeln wir die wesentlichen Regeln zum Schreiben von Lua-Anweisungen, wie man Behälter namens **Variablen** erstellt, um Informationen zu speichern, und die verschiedenen Arten von Informationen oder **Datentypen**, mit denen Lua arbeiten kann. Wir werden auch die `print`-Funktion wieder aufgreifen, die du kurz kennengelernt hast, da sie unsere primäre Methode ist, um zu sehen, was unser Code tut.

Die Grundregeln der Lua-Konversation

Jede Sprache, ob menschlich oder computerbasiert, hat Regeln, wie Sätze (oder *Anweisungen* in der Programmierung) gebildet werden. Luas Regeln sind darauf ausgelegt, einfach und flexibel zu sein.

Code schreiben

Lua führt Code Anweisung für Anweisung aus, normalerweise eine Anweisung pro Zeile. Eine einfache Anweisung könnte die Zuweisung eines Wertes an eine Variable oder der Aufruf einer Funktion sein.

```lua
-- Dies ist eine Anweisung, die Text ausgibt
print("Eine Anweisung pro Zeile ist üblich")

-- Dies ist eine weitere Anweisung, die einen Wert zuweist
local nachricht = "Hallo nochmal!"
```

Du *kannst* mehrere Anweisungen in eine einzelne Zeile schreiben, indem du sie mit einem Semikolon (;) trennst, aber dies ist **keine** gängige Praxis in Lua und macht den Code im Allgemeinen schwerer lesbar.

```lua
local x = 10; print(x) -- Funktioniert, ist aber weniger lesbar
```

Die meisten Lua-Programmierer halten sich zur Klarheit an eine Anweisung pro Zeile. Semikolons sind am Ende einer Zeile fast immer optional.

Eine entscheidende Regel: Lua ist **case-sensitive** (Groß-/Kleinschreibung wird unterschieden). Das bedeutet, `meineVariable` ist völlig anders als `meinevariable` oder `MeineVariable`. Sei konsequent mit deiner Groß-/Kleinschreibung! `print` funktioniert, aber `Print` oder `PRINT` verursachen einen Fehler.

Notizen machen

Manchmal möchtest du Notizen in deinem Code für dich selbst oder andere Programmierer hinterlassen. Diese Notizen, genannt **Kommentare**, werden vom Lua-Interpreter ignoriert. Sie sind ausschließlich für menschliche Leser bestimmt.

Lua bietet zwei Möglichkeiten, Kommentare zu schreiben:

1. **Einzeilige Kommentare:** Beginnen mit zwei Bindestrichen (--). Alles vom -- bis zum Ende der Zeile wird ignoriert.

   ```lua
   -- Diese gesamte Zeile ist ein Kommentar.
   local punktestand = 100 -- Dieser Teil ist ein Kommentar, der den
   Punktestand erklärt.
   ```

2. **Mehrzeilige Kommentare:** Beginnen mit `--[[` und enden mit `]]`. Alles zwischen diesen Markierungen wird ignoriert, auch über mehrere Zeilen hinweg. Dies ist nützlich, um größere Codeblöcke vorübergehend auszukommentieren oder längere Erklärungen zu schreiben.

```
--[[
Dies ist ein mehrzeiliger Kommentar.
Er kann sich über mehrere Zeilen erstrecken und ist nützlich
für längere Beschreibungen oder zum vorübergehenden
Deaktivieren eines Codeabschnitts.
local alter_code = "diesen jetzt nicht ausführen"
]]
print("Diese Zeile wird ausgeführt.")
```

Ein gängiger Trick: Um einen mehrzeiligen Kommentarblock schnell zu deaktivieren, füge einfach einen zusätzlichen Bindestrich am Anfang hinzu: `---[[ ... ]]`. Jetzt ist die erste Zeile ein einzeiliger Kommentar, und der Block wird von Lua nicht mehr als mehrzeiliger Kommentar erkannt. Entferne den zusätzlichen Bindestrich, um ihn wieder zu aktivieren.

Whitespace und Lesbarkeit

Whitespace bezieht sich auf Leerzeichen, Tabulatoren und Leerzeilen. Lua ist ziemlich flexibel bezüglich Whitespace *zwischen* Elementen in deinem Code. `local x=10` funktioniert genauso wie `local x = 10`.

Allerdings ist Whitespace *innerhalb* von Namen oder Schlüsselwörtern offensichtlich nicht erlaubt (`localx` ist nicht dasselbe wie `local x`).

Wichtiger ist: **Verwende Whitespace konsistent**, um deinen Code lesbar zu machen. Das Einrücken von Codeblöcken (wie denen innerhalb von Schleifen oder `if`-Anweisungen, die wir in Kapitel 4 sehen werden) macht die Struktur deutlich. Leerzeilen können logische Codeabschnitte trennen. Obwohl Lua die Einrückung nicht *erzwingt*, ist lesbarer Code wartbarer Code. Der meiste Lua-Code verwendet Leerzeichen (typischerweise 2 oder 4) zur Einrückung.

Informationen speichern

Stell dir vor, du backst. Du verwendest Schüsseln, um Zutaten wie Mehl oder Zucker vorübergehend aufzubewahren. In der Programmierung verwendest du **Variablen**, um Informationsteile zu speichern, wie den Punktestand eines Spielers, den Namen eines Benutzers oder das Ergebnis einer Berechnung.

Was sind Variablen?

Eine Variable ist im Wesentlichen ein benannter Speicherort im Arbeitsspeicher des Computers. Du gibst ihr einen Namen (ein Etikett für die Kiste) und legst einige Daten hinein. Später kannst du den Namen verwenden, um die Daten abzurufen oder andere Daten in die Kiste zu legen.

Variablen erstellen

Du erstellst (oder *deklarierst*) eine Variable und gibst ihr ihren Anfangswert mit einer **Zuweisungsanweisung**, die das Gleichheitszeichen (=) verwendet:

```
local spielerName = "Alice"
local aktuellerPunktestand = 0
local geschwindigkeit = 5.5
local istSpielVorbei = false
```

Schlüsseln wir das auf:

- `local`: Dieses Schlüsselwort wird dringend empfohlen! Es deklariert die Variable als **lokal**, was bedeutet, dass sie nur innerhalb des aktuellen Codeblocks zugänglich ist (wie der aktuellen Datei oder innerhalb einer Funktion - mehr zum Geltungsbereich in Kapitel 5). Die Verwendung von `local` hilft zu verhindern, dass Variablen, die anderswo verwendet werden, versehentlich überschrieben werden, und ist generell gute Praxis. Wenn du `local` weglässt, wird die Variable **global**, überall zugänglich, was zu unordentlichem Code und schwer zu findenden Fehlern in größeren Projekten führen kann. **Verwende immer `local`, es sei denn, du hast einen bestimmten Grund, es nicht zu tun.**
- `spielerName`, `aktuellerPunktestand`, `geschwindigkeit`, `istSpielVorbei`: Das sind die **Variablennamen** (die Etiketten auf unseren Kisten).
- `=`: Dies ist der **Zuweisungsoperator**. Er nimmt den Wert auf der rechten Seite und speichert ihn in der Variablen auf der linken Seite. Er bedeutet *nicht* „ist gleich" im mathematischen Sinne (das ist `==`, was wir in Kapitel 3 sehen werden).
- `"Alice"`, `0`, `5.5`, `false`: Das sind die **Werte**, die in den Variablen gespeichert werden. Sie repräsentieren verschiedene Arten von Daten.

Du kannst den in einer Variablen gespeicherten Wert später ändern, indem du ihr einen neuen Wert zuweist:

```lua
local aktuellerPunktestand = 0
print(aktuellerPunktestand) -- Ausgabe: 0

aktuellerPunktestand = 100 -- Weise einen neuen Wert zu
print(aktuellerPunktestand) -- Ausgabe: 100

aktuellerPunktestand = aktuellerPunktestand + 50 -- Verwende den aktuellen Wert
in einer Berechnung
print(aktuellerPunktestand) -- Ausgabe: 150
```

Benennungsregeln und gute Gewohnheiten

Die Wahl guter Variablennamen ist wichtig für die Lesbarkeit. Lua hat Regeln dafür, was einen gültigen Namen ausmacht:

- Namen können aus Buchstaben (a-z, A-Z), Zahlen (0-9) und Unterstrichen (_) bestehen.
- Namen **dürfen nicht** mit einer Zahl beginnen.
- Namen sind **case-sensitive** (punktestand ist anders als Punktestand).
- Bestimmte Wörter, genannt **Schlüsselwörter** oder **reservierte Wörter**, haben eine spezielle Bedeutung in Lua und können nicht als Variablennamen verwendet werden (z. B. local, function, if, then, end, while, for, nil, true, false). Dein Texteditor hebt diese Wörter möglicherweise anders hervor.

Gute Gewohnheiten für die Benennung:

- Wähle beschreibende Namen: spieler_punktestand ist besser als sp oder x.
- Sei konsistent: Wenn du camelCase verwendest (wie spielerName), verwende es überall. Wenn du snake_case bevorzugst (wie spieler_name), bleibe dabei. Beides ist in der Lua-Welt üblich.
- Vermeide übermäßig lange Namen, aber Klarheit ist wichtiger als Kürze.

Luas Bausteine

Variablen speichern Daten, aber *welche Art* von Daten können sie speichern? Lua hat einen Satz grundlegender **Datentypen**. Jeder Wert in Lua gehört zu einem dieser Typen. Lua ist eine **dynamisch typisierte** Sprache, was bedeutet, dass du den Typ einer Variablen nicht im Voraus deklarieren musst; der Typ wird durch den Wert bestimmt, den sie gerade enthält. Eine Variable kann in einem Moment eine Zahl und im nächsten einen String enthalten.

Lua hat acht Basistypen:

1. `nil`: Dieser Typ hat nur einen Wert: `nil`. Er repräsentiert das Fehlen eines nützlichen Wertes. Er wird oft verwendet, um „nichts" oder „leer" anzuzeigen. Variablen, denen noch kein Wert zugewiesen wurde, haben den Wert `nil`. Das Zuweisen von `nil` zu einer Variablen ist auch die Art und Weise, wie du sie effektiv löschen kannst (wodurch sie für die Garbage Collection verfügbar wird, siehe Kapitel 13).

   ```
   local leereVariable -- Diese Variable enthält anfangs nil
   print(leereVariable) -- Ausgabe: nil
   leereVariable = nil -- Explizites Setzen auf nil
   ```

2. `boolean`: Dieser Typ repräsentiert logische Werte und hat nur zwei mögliche Werte: `true` und `false`. Booleans sind unerlässlich, um Entscheidungen in deinem Code zu treffen (mit `if`-Anweisungen, Kapitel 4). Beachte, dass es sich um Schlüsselwörter handelt und sie klein geschrieben werden müssen.

   ```
   local istBereit = true
   local istFehlgeschlagen = false
   ```

3. `number`: Dieser Typ repräsentiert numerische Werte. Historisch gesehen waren in Lua (bis 5.2) alle Zahlen doppelt genaue Gleitkommazahlen (wie `3.14` oder `10.0`). Ab Lua 5.3 können Zahlen *entweder* 64-Bit-Ganzzahlen (Integer wie `10`, `-5`, `0`) *oder* doppelt genaue Gleitkommazahlen (`3.14159`) sein. Lua handhabt die Konvertierung zwischen ihnen in den meisten Fällen automatisch. Du musst dir im Allgemeinen keine Gedanken über die Unterscheidung machen, es sei denn, du führst sehr spezifische Low-Level-Operationen durch.

   ```
   local alter = 30          -- Ganzzahl (Integer)
   local pi = 3.14159        -- Gleitkommazahl (Floating-point)
   local temperatur = -5     -- Ganzzahl (Integer)
   ```

4. `string`: Dieser Typ repräsentiert Zeichenketten – Text. Du definierst Strings, indem du Text entweder in einfache (') oder doppelte Anführungszeichen (") einschließt. Beide funktionieren identisch und ermöglichen es dir, einen Typ

von Anführungszeichen leicht in einen String einzuschließen, der durch den anderen Typ definiert wird.

```
local gruss = "Hallo, Lua!"
local frage = 'Wie ist dein Name?'
local zitat = "Er sagte: 'Lua ist einfach!'"
```

Du kannst auch mehrzeilige Strings mit doppelten eckigen Klammern ([[und]]) erstellen. Alles dazwischen, einschließlich Zeilenumbrüchen, wird Teil des Strings.

```
local mehrzeiligeGeschichte = [[
Es war einmal,
in einem Land des Codes,
da war Lua.
]]
```

Strings in Lua sind **unveränderlich (immutable)**, was bedeutet, dass du kein Zeichen innerhalb eines bestehenden Strings ändern kannst. Operationen, die einen String zu modifizieren scheinen (wie Konkatenation, Kapitel 3), erzeugen tatsächlich einen *neuen* String.

5. `table`: Dies ist Luas vielseitigster und leistungsfähigster Datentyp. Tabellen sind die *einzige* eingebaute Datenstruktur in Lua. Sie können verwendet werden, um Arrays (Listen), Wörterbücher (Maps oder assoziative Arrays), Objekte und mehr darzustellen. Eine Tabelle ist im Wesentlichen eine Sammlung von Schlüssel-Wert-Paaren. Wir werden **Kapitel 6** vollständig den Tabellen widmen, da sie so fundamental sind. Erkenne vorerst einfach {} als Erstellung einer leeren Tabelle.

```
local meinArray = { 10, 20, 30 } -- Eine listenähnliche Tabelle
local meinDatensatz = { name = "Bob", alter = 42 } -- Eine
wörterbuchähnliche Tabelle
local leereTabelle = {}
```

6. `function`: Funktionen sind Codeblöcke, die eine bestimmte Aufgabe ausführen. In Lua sind Funktionen „Werte erster Klasse" (first-class values), was bedeutet, dass sie in Variablen gespeichert, als Argumente an andere Funktionen übergeben und als Ergebnisse zurückgegeben werden können, genau wie Zahlen oder Strings. Wir werden Funktionen ausführlich in **Kapitel 5** behandeln.

```
local function sageHallo()
  print("Hallo!")
end

local gruessen = sageHallo -- Weise Funktion einer anderen Variablen zu
gruessen() -- Rufe die Funktion über die neue Variable auf
```

7. `userdata`: Dieser Typ ermöglicht es, beliebige C-Daten in Lua-Variablen zu speichern. Du verwendest Userdata, um Daten darzustellen, die von C-Code erstellt wurden (mithilfe der C-API, siehe Kapitel 14), innerhalb deines Lua-Skripts, und gibst ihnen oft Lua-ähnliches Verhalten mithilfe von Metatabellen (Kapitel 7). Du stößt typischerweise darauf, wenn du in C geschriebene Bibliotheken verwendest oder Lua einbettest.

8. `thread`: Dieser Typ repräsentiert einen unabhängigen Ausführungsthread und wird für **Coroutinen** (Kapitel 11) verwendet. Coroutinen ermöglichen kooperatives Multitasking, indem sie dir erlauben, Funktionen anzuhalten und fortzusetzen. Verwechsle dies nicht mit Betriebssystem-Threads; Lua-Coroutinen laufen kooperativ innerhalb eines einzelnen OS-Threads.

Typen überprüfen mit `type()`

Manchmal musst du wissen, welchen Datentyp ein Wert oder eine Variable gerade enthält. Lua stellt dafür die eingebaute Funktion `type()` zur Verfügung. Sie nimmt ein Argument (den Wert oder die Variable, die du prüfen möchtest) und gibt einen String zurück, der ihren Typ repräsentiert.

```
local daten = "Irgendein Text"
print(type(daten)) -- Ausgabe: string

daten = 123
print(type(daten)) -- Ausgabe: number

daten = true
print(type(daten)) -- Ausgabe: boolean

daten = {}
print(type(daten)) -- Ausgabe: table

daten = nil
print(type(daten)) -- Ausgabe: nil

daten = print -- Die print-Funktion selbst ist ein Wert vom Typ 'function'
```

```
print(type(daten)) -- Ausgabe: function
```

Hallo sagen

Wir haben sie schon ein paar Mal benutzt, aber schauen wir uns `print` offiziell an. Es ist eine eingebaute Funktion, die dazu dient, Werte auf der Konsole oder der Standardausgabe anzuzeigen, hauptsächlich für Debugging oder einfache Ausgaben.

- Du kannst `print` ein oder mehrere Argumente übergeben, getrennt durch Kommas.
- `print` konvertiert jedes Argument in seine String-Repräsentation.
- Es fügt normalerweise ein Tabulatorzeichen zwischen mehreren Argumenten ein.
- Es fügt am Ende automatisch ein Zeilenumbruchzeichen hinzu, wodurch der Cursor für die nachfolgende Ausgabe in die nächste Zeile springt.

```
local name = "Zara"
local level = 5

print("Willkommen!")           -- Ausgabe: Willkommen!
print(name, level)             -- Ausgabe: Zara   5 (mit einem Tab dazwischen)
print("Spieler:", name, "Level:", level)
-- Ausgabe: Spieler: Zara    Level: 5 (Tabs zwischen Argumenten)
```

`print` ist dein grundlegendes Fenster, um zu sehen, was dein Skript tut.

Dein erstes Programm

Kombinieren wir das Gelernte zu einem etwas strukturierteren Skript als dem in Kapitel 1.

Erstelle eine Datei namens `benutzer_info.lua` und gib Folgendes ein:

```
-- benutzer_info.lua
-- Ein einfaches Skript zum Speichern und Anzeigen von Benutzerinformationen

local benutzername = "CodeEntdecker"
local alter = 28
local hatAbonnement = true
local anmeldeAnzahl = 15
```

```lua
print("--- Benutzerprofil ---")
print("Benutzername:", benutzername)
print("Alter:", alter)
print("Aktives Abonnement:", hatAbonnement)
print("Gesamte Anmeldungen:", anmeldeAnzahl)

-- Ändern wir einige Daten
alter = alter + 1 -- Alles Gute zum Geburtstag!
anmeldeAnzahl = anmeldeAnzahl + 1

print("--- Aktualisierte Info ---")
print("Neues Alter:", alter)
print("Anmeldeanzahl jetzt:", anmeldeAnzahl)
print("Variable 'benutzername' ist vom Typ:", type(benutzername))
```

Speichere die Datei und führe sie von deinem Terminal aus:

```
lua benutzer_info.lua
```

Du solltest eine Ausgabe ähnlich dieser sehen (Tabs können als variable Leerzeichen dargestellt werden):

```
--- Benutzerprofil ---
Benutzername:   CodeEntdecker
Alter:  28
Aktives Abonnement:     true
Gesamte Anmeldungen:    15
--- Aktualisierte Info ---
Neues Alter:    29
Anmeldeanzahl jetzt:    16
Variable 'benutzername' ist vom Typ:    string
```

Dieses einfache Skript demonstriert:

- Verwendung von Kommentaren zur Erklärung.
- Deklaration von local-Variablen zum Speichern verschiedener Datentypen (string, number, boolean).
- Verwendung des Zuweisungsoperators (=).
- Verwendung von print zur Anzeige von Text und Variablenwerten.
- Aktualisieren von Variablenwerten.
- Verwendung von type(), um den Datentyp einer Variablen zu überprüfen.

Kapitelzusammenfassung

In diesem Kapitel hast du die fundamentale Grammatik von Lua gelernt: wie Anweisungen strukturiert sind, die Bedeutung der Groß-/Kleinschreibung und wie man Kommentare verwendet. Du wurdest in Variablen als benannte Behälter für Daten eingeführt, wobei die Verwendung des `local`-Schlüsselworts betont wurde. Wir haben Luas acht Datentypen (`nil`, `boolean`, `number`, `string`, `table`, `function`, `userdata`, `thread`) überblickt, uns auf die gängigen konzentriert und vermerkt, welche in späteren Kapiteln weiter erforscht werden. Schließlich hast du die Verwendung von `print` zur Anzeige von Informationen geübt und diese Konzepte in einem einfachen Programm kombiniert.

Jetzt, da du weißt, wie man Daten speichert, ist der nächste Schritt zu lernen, wie man sie manipuliert. In Kapitel 3 werden wir uns mit Ausdrücken und Operatoren befassen – den Werkzeugen, die Lua dir gibt, um Berechnungen durchzuführen, Vergleiche anzustellen und Werte zu kombinieren.

Berechnungen und Vergleiche

Im letzten Kapitel haben wir gelernt, wie man verschiedene Arten von Informationen in Variablen speichert. Das ist ein großartiger Anfang, aber Programme speichern Daten selten nur; sie müssen sie *verarbeiten*. Sie führen Berechnungen durch, vergleichen Werte und treffen Entscheidungen basierend auf diesen Vergleichen. Um dies zu tun, verwendet Lua **Ausdrücke** und **Operatoren**. Denk an Operatoren als die Aktionsverben deines Codes – sie *tun* Dinge mit deinen Daten. Ausdrücke sind wie Phrasen oder Satzteile, in denen du Daten und Operatoren kombinierst, um ein Ergebnis zu erzeugen. Dieses Kapitel stellt die wesentlichen Operatoren vor, die du auf deiner Lua-Programmierungsreise ständig verwenden wirst.

Was sind Ausdrücke?

Im Kern ist ein **Ausdruck** alles in deinem Code, was Lua zu einem Wert auswerten kann. Es könnte etwas sehr Einfaches sein:

- Ein literaler Wert: `10`, `"Hallo"`, `true`
- Ein Variablenname: `aktuellerPunktestand`, `spielerName` (der zum in der Variablen gespeicherten Wert ausgewertet wird)

Interessanterweise beinhalten Ausdrücke oft **Operatoren** – spezielle Symbole, die Operationen auf einem oder mehreren Werten (genannt **Operanden**) durchführen.

```lua
local punktestand = 100
local bonus = 50

local gesamtPunktestand = punktestand + bonus -- 'punktestand + bonus' ist ein
Ausdruck
local istHoherPunktestand = gesamtPunktestand > 1000 -- 'gesamtPunktestand >
1000' ist ein Ausdruck
local nachricht = "Punktestand: " .. gesamtPunktestand -- '"Punktestand: " ..
gesamtPunktestand' ist ein Ausdruck
```

Wenn Lua auf einen Ausdruck trifft, berechnet es das Ergebnis. In den obigen Beispielen:

- `punktestand + bonus` wird zu 150 ausgewertet.
- `gesamtPunktestand > 1000` wird zu `false` ausgewertet (angenommen `gesamtPunktestand` ist 150).
- `"Punktestand: " .. gesamtPunktestand` wird zum String `"Punktestand: 150"` ausgewertet.

Zu verstehen, wie man Ausdrücke aufbaut und auswertet, ist fundamental für die Programmierung.

Mathematik betreiben

Beginnen wir mit den Operatoren, die du wahrscheinlich aus dem Mathematikunterricht kennst. Lua bietet standardmäßige arithmetische Operatoren zur Arbeit mit number-Werten.

Operator	Name	Beispiel	Ergebnis	Beschreibung
+	Addition	5 + 3	8	Addiert zwei Zahlen
-	Subtraktion	5 - 3	2	Subtrahiert die zweite Zahl von der ersten
*	Multiplikation	5 * 3	15	Multipliziert zwei Zahlen

Operator	Name	Beispiel	Ergebnis	Beschreibung
/	Division	5 / 2	2.5	Dividiert die erste Zahl durch die zweite (ergibt seit Lua 5.3 immer einen Float)
^	Potenzierung	5 ^ 2	25	Potenziert die erste Zahl mit der zweiten
%	Modulo	5 % 2	1	Gibt den Rest einer Division zurück
-	Unäres Minus	-5	-5	Negiert eine Zahl

```lua
local breite = 10
local hoehe = 5
local flaeche = breite * hoehe -- flaeche wird 50 sein

local radius = 3
local kreisFlaeche = math.pi * (radius ^ 2) -- Verwende pi aus der math-
Bibliothek
-- kreisFlaeche wird ungefähr 28.27 sein

local elemente = 17
local gruppenGroesse = 5
local rest = elemente % gruppenGroesse -- rest wird 2 sein
```

Reihenfolge der Operationen

Was passiert, wenn du mehrere Operatoren in einem Ausdruck kombinierst, wie 3 + 5 * 2? Addiert Lua zuerst (3+5=8, 8*2=16) oder multipliziert es zuerst (5*2=10, 3+10=13)?

Wie in der Standardmathematik folgt Lua einer **Reihenfolge der Operationen** (oft erinnert durch Akronyme wie PEMDAS/BODMAS im Englischen, "Punkt vor Strich" im Deutschen). Operatoren haben unterschiedliche **Präzedenz**-Stufen:

1. ^ (Potenzierung) - Höchste Präzedenz
2. Unäres - (Negation)
3. *, /, % (Multiplikation, Division, Modulo)
4. +, - (Addition, Subtraktion) - Niedrigste Präzedenz

Operatoren mit der gleichen Präzedenz werden normalerweise von links nach rechts ausgewertet (außer ^, das rechtsassoziativ ist: 2^3^2 ist 2^(3^2) = 2^9 = 512).

Also, in 3 + 5 * 2 hat die Multiplikation (*) eine höhere Präzedenz als die Addition (+), daher wird 5 * 2 zuerst berechnet (10), und dann wird 3 + 10 berechnet, was zu 13 führt.

Im Zweifelsfall oder um die Standardreihenfolge zu überschreiben, verwende **Klammern** (). Ausdrücke innerhalb von Klammern werden immer zuerst ausgewertet.

```
local ergebnis1 = 3 + 5 * 2    -- ergebnis1 ist 13 (Multiplikation zuerst)
local ergebnis2 = (3 + 5) * 2  -- ergebnis2 ist 16 (Addition zuerst wegen
Klammern)
```

Die Verwendung von Klammern, auch wenn sie nicht unbedingt erforderlich sind, kann deinen Code oft viel klarer und leichter verständlich machen.

Beziehungen überprüfen

Oft musst du Werte vergleichen. Sind zwei Werte gleich? Ist einer größer als der andere? **Relationale Operatoren** (Vergleichsoperatoren) führen diese Vergleiche durch und erzeugen immer ein boolean-Ergebnis (true oder false).

Operator	Name	Beispiel	Ergebnis	Beschreibung
==	Gleichheit	5 == 5	1	Gibt true zurück, wenn Operanden gleich sind
~=	Ungleichheit (Nicht gleich)	5 ~= 3	1	Gibt true zurück, wenn Operanden ungleich sind
<	Kleiner als	5 < 3	0	Gibt true zurück, wenn linker Operand kleiner als rechter ist
>	Größer als	5 > 3	1	Gibt true zurück, wenn linker Operand größer als rechter ist
<=	Kleiner als oder Gleich	5 <= 5	1	Gibt true zurück, wenn links kleiner oder gleich rechts ist

>=	Größer als oder Gleich	5 >= 3	1	Gibt true zurück, wenn links größer oder gleich rechts ist

Entscheidende Falle: Denk daran, dass == (doppeltes Gleichheitszeichen) für den **Vergleich** dient, während = (einfaches Gleichheitszeichen) für die **Zuweisung** verwendet wird. Diese zu verwechseln ist ein sehr häufiger Anfängerfehler!

```
local meinPunktestand = 1500
local hoherPunktestand = 2000
local versuche = 3
local maxVersuche = 5

print(meinPunktestand == hoherPunktestand) -- Ausgabe: false
print(meinPunktestand ~= hoherPunktestand) -- Ausgabe: true
print(meinPunktestand > hoherPunktestand)  -- Ausgabe: false
print(versuche < maxVersuche)              -- Ausgabe: true
print(versuche >= 3)                       -- Ausgabe: true
```

Du kannst Zahlen und Strings vergleichen. Der String-Vergleich erfolgt lexikographisch (wie in einem Wörterbuch, basierend auf Zeichencodes).

```
print("Apfel" < "Banane") -- Ausgabe: true
print("Zebra" > "Apfel")  -- Ausgabe: false (Großbuchstabe Z kommt vor
Kleinbuchstabe a)
print("hallo" == "hallo") -- Ausgabe: true
print("Hallo" == "hallo") -- Ausgabe: false (Groß-/Kleinschreibung wird
unterschieden)
```

Der Vergleich von Werten *unterschiedlicher* Typen mit relationalen Operatoren (außer ~=) ergibt im Allgemeinen false. Gleichheit (==) gibt nur true zurück, wenn sowohl die Werte als auch die Typen gleich sind. Ungleichheit (~=) gibt true zurück, wenn die Typen unterschiedlich sind oder wenn die Werte innerhalb desselben Typs unterschiedlich sind.

```
print(10 == "10") -- Ausgabe: false (Zahl vs. String)
print(10 ~= "10") -- Ausgabe: true
```

Logische Entscheidungen treffen

Manchmal musst du mehrere Bedingungen kombinieren. Ist der Punktestand hoch *und* sind noch Versuche übrig? Ist das Spiel vorbei *oder* hat der Spieler aufgegeben? **Logische Operatoren** arbeiten mit booleschen Werten (oder Werten, die als boolesch interpretiert werden), um ein boolesches Ergebnis zu erzeugen.

Lua hat drei logische Operatoren: and, or und not.

and

Der and-Operator gibt nur dann true zurück, wenn **beide** seiner linken und rechten Operanden als wahr betrachtet werden. Wenn der linke Operand falsch ist (oder nil), wertet and den rechten Operanden nicht einmal aus (dies wird als **Kurzschlus-sauswertung** bezeichnet), da das Ergebnis sowieso falsch sein muss.

Eine besondere Eigenschaft von Luas and ist, dass es den *ersten* Operanden zurück-gibt, wenn dieser falsch ist (false oder nil), andernfalls gibt es den *zweiten* Oper-anden zurück.

```
local hatTreibstoff = true
local hatMotor = true
print(hatTreibstoff and hatMotor) -- Ausgabe: true (gibt zweiten Operanden
zurück)

local hatSchluessel = false
local istTuerVerschlossen = true
print(hatSchluessel and istTuerVerschlossen) -- Ausgabe: false (gibt ersten
Operanden zurück, hatSchluessel)

local punktestand = 100
local leben = 0
print(leben > 0 and punktestand > 1000) -- Ausgabe: false (leben > 0 ist false,
gibt es zurück)
                                    -- 'punktestand > 1000' wird nie
ausgewertet
```

or

Der or-Operator gibt `true` zurück, wenn **mindestens einer** seiner Operanden als wahr betrachtet wird. Wenn der linke Operand wahr ist, führt `or` eine Kurzschlussauswertung durch und wertet den rechten Operanden nicht aus, da das Ergebnis wahr sein muss.

Luas `or` gibt den *ersten* Operanden zurück, wenn dieser als wahr betrachtet wird, andernfalls gibt es den *zweiten* Operanden zurück. Dies wird oft verwendet, um Standardwerte bereitzustellen:

```
local istPausiert = false
local istSpielVorbei = true
print(istPausiert or istSpielVorbei) -- Ausgabe: true (istSpielVorbei ist true,
wird zurückgegeben)

local hatPowerUp = true
local istUnbesiegbar = false
print(hatPowerUp or istUnbesiegbar) -- Ausgabe: true (hatPowerUp ist true, wird
zurückgegeben)

-- Übliches Muster für Standardwerte:
local spielerName = angeforderterName or "Gast"
-- Wenn angeforderterName nil oder false ist, wird spielerName "Gast".
-- Andernfalls wird spielerName der Wert von angeforderterName.
print(spielerName)
```

not

Der `not`-Operator ist unär (er benötigt nur einen Operanden) und invertiert einfach den booleschen Wert. Wenn der Operand wahr ist, gibt `not` `false` zurück. Wenn der Operand falsch ist (oder `nil`), gibt `not` `true` zurück.

```
local istAktiviert = true
print(not istAktiviert) -- Ausgabe: false

local istLeer = false
print(not istLeer) -- Ausgabe: true

print(not nil) -- Ausgabe: true
print(not 0)   -- Ausgabe: false (siehe Wahrheitswert unten)
```

Wahrheitswert ("Truthiness") in Lua

Dies ist ein Schlüsselkonzept! Wenn Lua einen booleschen Wert erwartet (in `if`-Anweisungen, `while`-Schleifen oder als Operanden für logische Operatoren), wie behandelt es Werte anderer Typen?

Die Regel ist einfach: **In Lua werden nur `false` und `nil` als falsch betrachtet.** Alles andere – Zahlen (einschließlich 0), Strings (einschließlich des leeren Strings ""), Tabellen, Funktionen – wird in einem booleschen Kontext als **wahr** betrachtet. Dies unterscheidet sich von einigen anderen Sprachen, in denen 0 oder "" möglicherweise als falsch behandelt werden.

```lua
if 0 then
  print("Null wird in Lua als wahr betrachtet!") -- Dies wird ausgegeben
end

if "" then
  print("Leerer String wird in Lua als wahr betrachtet!") -- Dies wird
ausgegeben
end

if {} then
  print("Eine leere Tabelle wird in Lua als wahr betrachtet!") -- Dies wird
ausgegeben
end

if not nil then
  print("Nicht nil ist wahr") -- Dies wird ausgegeben
end

if not false then
  print("Nicht false ist wahr") -- Dies wird ausgegeben
end
```

Das Verständnis des Wahrheitswerts ist entscheidend für die korrekte Verwendung von logischen Operatoren und Kontrollstrukturen (Kapitel 4).

Mit Text arbeiten

Wie fügt man Strings zusammen? Lua verwendet den **Konkatenationsoperator** (Verkettungsoperator), der durch zwei Punkte (`..`) dargestellt wird.

```lua
local vorname = "Ada"
```

```
local nachname = "Lovelace"
local vollerName = vorname .. " " .. nachname -- Beachte das hinzugefügte
Leerzeichen

print(vollerName) -- Ausgabe: Ada Lovelace

local gegenstand = "Trank"
local menge = 3
local nachricht = "Du hast " .. menge .. " " .. gegenstand .. "s gefunden!"

print(nachricht) -- Ausgabe: Du hast 3 Tranks gefunden!
```

Lua konvertiert Zahlen automatisch in Strings, wenn du versuchst, sie mit einem String zu verketten, was ziemlich praktisch ist.

Länge messen

Manchmal musst du wissen, wie lang ein String ist (wie viele Zeichen er enthält) oder, wie wir in Kapitel 6 sehen werden, wie viele Elemente sich im sequentiellen Teil einer Tabelle befinden. Lua bietet den unären **Längenoperator**, der durch ein Rautezeichen (#) gekennzeichnet ist.

```
local gruss = "Hallo"
print(#gruss) -- Ausgabe: 5

local leererString = ""
print(#leererString) -- Ausgabe: 0

local satz = "Lua macht Spaß!"
local laenge = #satz
print("Der Satz hat " .. laenge .. " Zeichen.")
-- Ausgabe: Der Satz hat 15 Zeichen.
```

Wichtiger Hinweis: Bei Strings gibt # die Anzahl der **Bytes** zurück, nicht unbedingt die Anzahl der Zeichen, insbesondere beim Umgang mit Mehrbyte-Zeichenkodierungen wie UTF-8. Bei Standard-ASCII-Text sind Bytes und Zeichen identisch. Lua 5.3+ führte die utf8-Bibliothek (Kapitel 12) zur korrekten Handhabung von UTF-8-Zeichenzählungen ein.

Der Längenoperator funktioniert auch bei Tabellen, die als Arrays verwendet werden (mit sequentiellen ganzzahligen Schlüsseln ab 1), aber das werden wir in Kapitel 6 ausführlich untersuchen. #{} wird zu 0 ausgewertet.

Operatorpräzedenz überarbeitet

Wir haben die Präzedenz für arithmetische Operatoren besprochen, aber wie verhalten sich alle Operatoren, die wir gelernt haben, zueinander? Hier ist ein vereinfachter Überblick von der höchsten zur niedrigsten Präzedenz:

1. ^ (Potenzierung)
2. not, #, - (Unäre Operatoren: logisches Nicht, Länge, Negation)
3. *, /, % (Multiplikation, Division, Modulo)
4. +, - (Addition, Subtraktion)
5. .. (Konkatenation)
6. <, >, <=, >=, ~=, == (Relationale Operatoren)
7. and (Logisches Und)
8. or (Logisches Oder) - Niedrigste Präzedenz

Beispiel: `1 + 2 < 5 and #("hi") == 2`

1. Unäres #: `#("hi")` wird zu 2. Ausdruck: `1 + 2 < 5 and 2 == 2`
2. Addition +: `1 + 2` wird zu 3. Ausdruck: `3 < 5 and 2 == 2`
3. Relationale < und == (werden auf gleicher Ebene von links nach rechts ausgewertet):
   - `3 < 5` wird zu `true`. Ausdruck: `true and 2 == 2`
   - `2 == 2` wird zu `true`. Ausdruck: `true and true`
4. Logisches and: `true and true` wird zu `true`. Endergebnis: `true`.

Obwohl das Wissen um die Präzedenzregeln hilfreich ist, ist die **Verwendung von Klammern () oft der beste Weg, um Korrektheit sicherzustellen und die Lesbarkeit zu verbessern.** Lass andere (oder dein zukünftiges Ich) nicht die Auswertungsreihenfolge erraten!

```
-- Weniger klar:
local ergebnis = a + b * c ^ d > grenze or not fertig

-- Viel klarer:
local potenz = c ^ d
local produkt = b * potenz
local summe = a + produkt
local vergleich = summe > grenze
local endErgebnis = vergleich or (not fertig)
```

Selbst wenn du es nicht ganz so detailliert aufschlüsselst, helfen Klammern:

```
local ergebnis = ((a + (b * (c ^ d))) > grenze) or (not fertig)
```

Kapitelzusammenfassung

In diesem Kapitel hast du gelernt, wie du Daten mit den Operatoren von Lua manipulierst. Wir haben arithmetische Operatoren (+, -, *, /, ^, %) für Berechnungen, relationale Operatoren (==, ~=, <, >, <=, >=) für Vergleiche und logische Operatoren (and, or, not) zum Kombinieren boolescher Bedingungen behandelt. Du hast auch gelernt, wie man Strings mit dem Konkatenationsoperator (..) verbindet und die Länge von Strings (und bald auch Tabellen) mit dem Längenoperator (#) ermittelt. Wir haben die Operatorpräzedenz und die Bedeutung von Klammern für die Klarheit besprochen, zusammen mit dem entscheidenden Konzept des **Wahrheitswerts** ("Truthiness") in Lua (nur nil und false sind falsch).

Diese Ausdrücke, die true- oder false-Ergebnisse liefern, sind die Grundlage für die Steuerung des Ablaufs deiner Programme. Nachdem du nun Bedingungen auswerten kannst, zeigt dir das nächste Kapitel, wie du if-Anweisungen verwendest, um Entscheidungen zu treffen, und Schleifen, um Aktionen basierend auf diesen Bedingungen zu wiederholen.

4

Entscheidungen treffen und Aufgaben wiederholen

Bisher waren die Lua-Skripte, die wir geschrieben haben, wie das Folgen einer geraden Straße – sie führten eine Anweisung nach der anderen aus, von oben nach unten, ohne Abweichung. Aber reale Aufgaben beinhalten oft Entscheidungen und Wiederholungen. Denk an Wegbeschreibungen: "*Wenn* die Ampel rot ist, halte an; *andernfalls* fahre weiter." Oder Backanleitungen: "*Wiederhole* das Kneten des Teigs, *bis* er glatt ist." Die Programmierung benötigt ähnliche Fähigkeiten. In Kapitel 3 hast du gelernt, wie man Ausdrücke erstellt, die zu true oder false ausgewertet werden. Jetzt werden wir diese Bedingungen verwenden, um Programme zu erstellen, die Entscheidungen mit if-**Anweisungen** treffen und Aktionen mit **Schleifen** (while, repeat und for) wiederholen können. Diese **Kontrollflussstrukturen** machen Programme dynamisch und intelligent.

Pfade wählen

Stell dir vor, du gehst einen Pfad entlang und erreichst eine Gabelung. Du musst entscheiden, welchen Weg du einschlagen sollst, basierend auf einer Bedingung (vielleicht einem Wegweiser). Die if-Anweisung ist Luas Methode, um diese Gabelungen im Weg zu handhaben.

Die grundlegende if-Anweisung

Die einfachste if-Anweisung führt einen Codeblock *nur dann* aus, wenn eine bestimmte Bedingung wahr ist (erinnere dich an Luas Wahrheitswertregeln aus Kapitel 3: alles andere als false oder nil wird als wahr betrachtet).

Die Struktur sieht so aus:

```
if bedingung then
  -- Code, der ausgeführt wird, wenn die Bedingung wahr ist
  -- Dies wird oft der 'then'-Block genannt
end
```

- if: Das Schlüsselwort, das den bedingten Block startet.
- bedingung: Ein Ausdruck, der zu einem Boolean (true/false) oder einem als solchem behandelten Wert ausgewertet wird.
- then: Das Schlüsselwort, das den Beginn des Codeblocks markiert, der ausgeführt wird, wenn die Bedingung wahr ist.
- end: Das Schlüsselwort, das das Ende des if-Anweisungsblocks markiert. **Jedes if benötigt ein entsprechendes end!**

Sehen wir es in Aktion:

```
local temperatur = 30

if temperatur > 25 then
  print("Es ist ein warmer Tag!")
  print("Vergiss die Sonnencreme nicht.")
end

print("Wetterprüfung abgeschlossen.") -- Diese Zeile läuft unabhängig davon
```

Ausgabe:

```
Es ist ein warmer Tag!
Vergiss die Sonnencreme nicht.
Wetterprüfung abgeschlossen.
```

Wenn wir `temperatur` auf 15 ändern, wird die Bedingung `temperatur > 25` zu false, und der Code innerhalb des `then...end`-Blocks wird vollständig übersprungen.

Ausgabe (wenn temperatur = 15):

```
Wetterprüfung abgeschlossen.
```

Alternativen hinzufügen mit `else`

Was ist, wenn du etwas anderes tun möchtest, wenn die Bedingung *falsch* ist? So wie: „Wenn es regnet, nimm einen Regenschirm; andernfalls trage eine Sonnenbrille." Lua stellt dafür das Schlüsselwort `else` bereit.

```
if bedingung then
    -- Code, der ausgeführt wird, wenn die Bedingung wahr ist
else
    -- Code, der ausgeführt wird, wenn die Bedingung falsch ist
end
```

Beispiel:

```
local kontoStand = 45.50
local artikelKosten = 60.00

if kontoStand >= artikelKosten then
  print("Kauf erfolgreich!")
  kontoStand = kontoStand - artikelKosten
else
  print("Unzureichende Deckung.")
  print("Bitte fügen Sie Geld zu Ihrem Konto hinzu.")
end

print("Endgültiger Kontostand:", kontoStand)
```

Ausgabe:

```
Unzureichende Deckung.
Bitte fügen Sie Geld zu Ihrem Konto hinzu.
Endgültiger Kontostand: 45.5
```

Wenn `kontoStand` `100.00` wäre, würde stattdessen der then-Block ausgeführt.

Mehrere Auswahlmöglichkeiten mit elseif behandeln

Manchmal hast du mehr als zwei Möglichkeiten. Stell dir vor, du sortierst Post: *wenn* es eine Rechnung ist, lege sie in den roten Ordner; *andernfalls wenn* es ein Brief ist, lege ihn in den blauen Ordner; *andernfalls wenn* es Werbemüll ist, wirf ihn in den Papierkorb; *andernfalls* (wenn es keines davon ist), lege es auf den Schreibtisch. Lua verwendet elseif (beachte: ein Wort!) für diese verketteten Bedingungen.

```
if bedingung1 then
  -- Code für bedingung1 ist wahr
elseif bedingung2 then
  -- Code für bedingung1 falsch, aber bedingung2 wahr
elseif bedingung3 then
  -- Code für 1 und 2 falsch, aber bedingung3 wahr
else
  -- Code, wenn KEINE der obigen Bedingungen wahr ist
end
```

Lua überprüft die Bedingungen der Reihe nach. Sobald es eine wahre Bedingung findet, führt es den entsprechenden Block aus und überspringt dann den Rest der elseif/else-Kette und springt direkt zum abschließenden end. Das letzte else ist optional; wenn es weggelassen wird, passiert nichts, wenn keine der if/elseif-Bedingungen wahr ist.

```
local punktestand = 78

if punktestand >= 90 then
  print("Note: A")
elseif punktestand >= 80 then
  print("Note: B")
elseif punktestand >= 70 then
  print("Note: C")
elseif punktestand >= 60 then
  print("Note: D")
else
  print("Note: F")
end

print("Benotung abgeschlossen.")
```

Ausgabe:

```
Note: C
```

Da punktestand >= 90 falsch ist und punktestand >= 80 falsch ist, aber punktestand >= 70 wahr ist, gibt es „Note: C" aus und überspringt das verbleibende elseif und else.

Verschachtelte if-Anweisungen

Du kannst if-Anweisungen innerhalb anderer if-Anweisungen platzieren. Dies wird **Verschachtelung** genannt.

```
local istEingeloggt = true
local benutzerRolle = "admin"

if istEingeloggt then
  print("Willkommen zurück!")
  if benutzerRolle == "admin" then
    print("Admin-Panel-Zugriff gewährt.")
  elseif benutzerRolle == "editor" then
    print("Du kannst Inhalte bearbeiten.")
  else
    print("Standard-Benutzerzugriff.")
  end
else
  print("Bitte logge dich ein, um fortzufahren.")
end
```

Ausgabe:

```
Willkommen zurück!
Admin-Panel-Zugriff gewährt.
```

Obwohl Verschachtelung mächtig ist, sei vorsichtig! Zu viele Ebenen verschachtelter if-Anweisungen können Code sehr schwer lesbar und verständlich machen. Manchmal kann eine Umstrukturierung deines Codes oder die Verwendung von Funktionen (Kapitel 5) helfen, komplexe verschachtelte Logik zu vereinfachen.

Sich wiederholen

Oft musst du dieselbe (oder eine ähnliche) Aktion mehrmals ausführen. Stell dir vor, du zählst von 1 bis 10, verarbeitest jedes Element in einer Liste oder wartest auf Benutzereingaben. Anstatt die gleichen Codezeilen immer wieder zu schreiben, verwendest du **Schleifen**. Schleifen führen einen Codeblock wiederholt aus, solange (oder bis) eine bestimmte Bedingung erfüllt ist.

Die `while`-Schleife

Die `while`-Schleife ist vielleicht der grundlegendste Schleifentyp. Sie wiederholt einen Codeblock, **solange** eine angegebene Bedingung wahr bleibt. Die Bedingung wird *vor* jeder potenziellen Ausführung des Schleifenkörpers überprüft.

Die Struktur ist:

```
while bedingung do
  -- Zu wiederholender Code (Schleifenkörper)
  -- WICHTIG: Etwas innerhalb der Schleife sollte schließlich
  -- die Bedingung falsch machen!
end
```

- `while`: Schlüsselwort, das die Schleife startet.
- `bedingung`: Der boolesche Ausdruck, der vor jeder Iteration überprüft wird.
- `do`: Schlüsselwort, das den Beginn des Schleifenkörpers markiert.
- `end`: Schlüsselwort, das das Ende des Schleifenkörpers markiert.

Beispiel: Countdown

```
local countdown = 5

print("Starte Countdown...")
while countdown > 0 do
  print(countdown .. "...")
  countdown = countdown - 1 -- Entscheidender Schritt! Ändert die
Bedingungsvariable
end

print("Start!")
```

Ausgabe:

```
Starte Countdown...
5...
4...
3...
2...
```

```
1...
Start!
```

Entscheidende Falle: Endlosschleifen! Was passiert, wenn die Bedingung in einer
while-Schleife *nie* falsch wird? Die Schleife läuft für immer (oder bis du das Programm manuell stoppst). Dies wird als **Endlosschleife** bezeichnet und ist ein häufiger
Fehler.

```
local zaehler = 0
while zaehler < 5 do
  print("Das könnte ewig laufen!")
  -- UUPS! Wir haben vergessen, den Zähler zu erhöhen. Er wird immer 0 sein.
  -- zaehler = zaehler + 1 -- Diese Zeile fehlt!
end
-- Dieses Programm wird hier nie ankommen, es sei denn, du stoppst es.
```

Stelle immer sicher, dass etwas innerhalb deines while-Schleifenkörpers schließlich
dazu führt, dass die Bedingung zu false oder nil ausgewertet wird.

Die repeat...until-Schleife

Die repeat...until-Schleife ähnelt while, aber mit zwei wesentlichen Unterschieden:

1. Die Bedingung wird *nach* der Ausführung des Schleifenkörpers überprüft.
2. Die Schleife wird fortgesetzt, *bis* die Bedingung wahr wird (die umgekehrte
   Logik von while).

Das bedeutet, der Schleifenkörper wird **immer mindestens einmal ausgeführt**.

Die Struktur ist:

```
repeat
  -- Zu wiederholender Code (Schleifenkörper)
  -- Auch hier sollte etwas schließlich die Bedingung wahr machen.
until bedingung
```

- repeat: Schlüsselwort, das die Schleife startet.
- until: Schlüsselwort, das das Ende des Schleifenkörpers markiert und die
  Austrittsbedingung angibt.
- bedingung: Der boolesche Ausdruck, der *nach* jeder Iteration überprüft wird.
  Die Schleife stoppt, wenn dieser true ist.

Beispiel: Einfache Menüaufforderung

```
local auswahl

repeat
  print("\n--- MENÜ ---")
  print("1. Spiel starten")
  print("2. Spiel laden")
  print("3. Beenden")
  print("Geben Sie Ihre Auswahl ein:")
  -- In einem echten Programm würdest du hier io.read() verwenden, um Eingaben
zu erhalten
  -- Für dieses Beispiel simulieren wir die Eingabe:
  auswahl = 3 -- Simuliert, dass der Benutzer 'Beenden' wählt
  print("Benutzer wählte: " .. auswahl) -- Zeige simulierte Auswahl

  if auswahl < 1 or auswahl > 3 then
    print("Ungültige Auswahl, bitte versuchen Sie es erneut.")
  end

until auswahl >= 1 and auswahl <= 3 -- Schleife, bis die Auswahl gültig ist (1,
2 oder 3)

print("Verarbeite Auswahl: " .. auswahl)
```

Ausgabe:

```
--- MENÜ ---
1. Spiel starten
2. Spiel laden
3. Beenden
Geben Sie Ihre Auswahl ein:
Benutzer wählte: 3
Verarbeite Auswahl: 3
```

Da die Bedingung auswahl >= 1 and auswahl <= 3 *nach* den print-Anweisungen und der simulierten Eingabe überprüft wird, wird das Menü immer mindestens einmal angezeigt. Wenn der Benutzer eine ungültige Auswahl getroffen hätte (z. B. 5), wäre die Bedingung falsch gewesen, und die Schleife hätte sich repeatet (wiederholt).

Die numerische `for`-Schleife

Wenn du genau weißt, wie oft du etwas wiederholen möchtest, oder wenn du eine Zahlenfolge durchlaufen möchtest, ist die numerische `for`-Schleife oft die sauberste Lösung.

Die Struktur ist:

```
for variable = startWert, endWert, schrittWert do
  -- Schleifenkörper
end
```

- `for`: Schlüsselwort, das die Schleife startet.
- `variable`: Eine **neue lokale Variable**, die nur für diese Schleife erstellt wird. Sie enthält den aktuellen Wert in der Sequenz während jeder Iteration. Du musst sie nicht vorher mit `local` deklarieren; die `for`-Schleife erledigt dies automatisch.
- `startWert`: Der Anfangswert, der `variable` zugewiesen wird.
- `endWert`: Die Schleife wird fortgesetzt, solange `variable` diesen Wert (unter Berücksichtigung des Schritts) nicht überschritten hat.
- `schrittWert` (Optional): Der Wert, der `variable` nach jeder Iteration hinzugefügt wird. Wenn weggelassen, ist der Standardschritt `1`. Er kann negativ sein, um rückwärts zu zählen.
- `do`/`end`: Markieren den Schleifenkörper.

Beispiel: Hochzählen

```
print("Hochzählen:")
for i = 1, 5 do -- Schritt ist standardmäßig 1
  print("i =", i)
end
```

Ausgabe:

```
Hochzählen:
i = 1
i = 2
i = 3
i = 4
i = 5
```

Beispiel: Runterzählen mit Schrittweite

```
print("Runterzählen in 2er-Schritten:")
for count = 10, 0, -2 do -- Expliziter negativer Schritt
  print("Zähler:", count)
end
```

Ausgabe:

```
Runterzählen in 2er-Schritten:
Zähler: 10
Zähler: 8
Zähler: 6
Zähler: 4
Zähler: 2
Zähler: 0
```

Wichtige Hinweise:

- Die Kontrollvariable (i oder count in den Beispielen) ist **lokal** für den Schleifenkörper. Du kannst nach Beendigung der Schleife nicht auf ihren Endwert zugreifen.
- startWert, endWert und schrittWert werden **nur einmal** ausgewertet, bevor die Schleife beginnt. Das Ändern der Variablen, die zum Setzen dieser Werte verwendet wurden, *innerhalb* der Schleife beeinflusst nicht die Anzahl der Iterationen.

Die generische for-Schleife (Ein kleiner Vorgeschmack)

Lua hat einen weiteren, noch leistungsfähigeren Typ von for-Schleife, die **generische for**. Diese Schleife ist darauf ausgelegt, über die Elemente einer Sammlung zu iterieren, am häufigsten einer **Tabelle** (in die wir in **Kapitel 6** eintauchen werden).

Obwohl wir noch nicht alle Details behandeln werden, wirst du sie oft in Verbindung mit **Iteratorfunktionen** wie pairs und ipairs sehen, um durch den Inhalt einer Tabelle zu gehen.

Ein kurzer Einblick (mach dir keine Sorgen, wenn du das noch nicht vollständig verstehst):

```
local farben = { "rot", "grün", "blau" }

print("Farben in der Liste:")
-- ipairs iteriert über die ganzzahligen Schlüssel (1, 2, 3...)
```

```lua
for index, wert in ipairs(farben) do
  print("Index:", index, "Wert:", wert)
end

local konfiguration = { breite = 800, hoehe = 600, titel = "Meine App" }

print("\nKonfigurationseinstellungen:")
-- pairs iteriert über alle Schlüssel-Wert-Paare (Reihenfolge nicht garantiert)
for schluessel, wert in pairs(konfiguration) do
  print("Schlüssel:", schluessel, "Wert:", wert)
end
```

Ausgabe:

```
Farben in der Liste:
Index: 1        Wert: rot
Index: 2        Wert: grün
Index: 3        Wert: blau

Konfigurationseinstellungen:
Schlüssel: breite     Wert: 800
Schlüssel: titel      Wert: Meine App
Schlüssel: hoehe      Wert: 600
```

(Hinweis: Die Reihenfolge von `pairs` *kann variieren)*

Die generische `for`-Schleife ist unglaublich nützlich für die Arbeit mit Tabellen, Luas primärer Datenstruktur. Wir werden sie richtig untersuchen, wenn wir in Kapitel 6 über Tabellen lernen.

Den Fluss ändern

Manchmal musst du eine Schleife früher verlassen, als es ihre normale Bedingung erlauben würde. Vielleicht hast du das gesuchte Element gefunden oder es ist ein Fehler aufgetreten.

Frühzeitig beenden

Die `break`-Anweisung beendet sofort die innerste `while`-, `repeat`- oder `for`-Schleife, in der sie sich gerade befindet. Die Ausführung wird mit der Anweisung unmittelbar nach der beendeten Schleife fortgesetzt.

```
local elemente = { "Apfel", "Banane", "STOPP", "Orange", "Traube" }

print("Verarbeite Elemente bis STOPP gefunden wird:")
for index, element in ipairs(elemente) do
  if element == "STOPP" then
    print("STOPP-Signal bei Index gefunden", index)
    break -- Verlasse die 'for'-Schleife sofort
  end
  print("Verarbeite Element:", element)
  -- Hier würde eine Verarbeitung stattfinden
end

print("Schleife beendet oder unterbrochen.")
```

Ausgabe:

```
Verarbeite Elemente bis STOPP gefunden wird:
Verarbeite Element: Apfel
Verarbeite Element: Banane
STOPP-Signal bei Index gefunden 3
Schleife beendet oder unterbrochen.
```

Beachte, dass „Orange" und „Traube" nie verarbeitet wurden, weil break die Schleife beendet hat, als „STOPP" angetroffen wurde.

Fortgeschrittene Kontrolle

Lua enthält eine goto-Anweisung, die in älteren Sprachen üblich ist, aber in der modernen Programmierung oft missbilligt wird. Sie ermöglicht es dir, bedingungslos zu einem anderen Punkt in deinem Code zu springen, der durch ein **Label** markiert ist.

Was sind Labels?

Ein Label ist einfach ein Name, der in doppelte Doppelpunkte :: eingeschlossen ist.

```
::meinLabel::
-- Etwas Code hier
```

goto verwenden

Die goto-Anweisung springt dann direkt zum angegebenen Label.

```
local zaehler = 0
::schleifenStart:: -- Definiere ein Label
zaehler = zaehler + 1
print("Zähler:", zaehler)
if zaehler < 3 then
  goto schleifenStart -- Springe zurück zum Label
end
print("Schleife mittels goto beendet.")
```

Ausgabe:

```
Zähler: 1
Zähler: 2
Zähler: 3
Schleife mittels goto beendet.
```

Warum goto verwirrend sein kann

Obwohl das obige Beispiel funktioniert, kann goto Code extrem schwer nachvollziehbar machen, besonders in größeren Programmen. Willkürliches Herumspringen durchbricht den normalen Ausführungsfluss und kann zu sogenanntem „Spaghetti-Code" führen – verworrener, schwer zu debuggender Logik.

Generell solltest du goto vermeiden. Die meisten Aufgaben, die goto zu erfordern scheinen, können klarer mit Standard-Schleifen (while, repeat, for), if-Anweisungen, break und gut strukturierten Funktionen (Kapitel 5) gelöst werden.

Es gibt sehr seltene, spezifische Situationen, in denen goto als die am wenigsten umständliche Lösung angesehen werden könnte (wie das Ausbrechen aus tief verschachtelten Schleifen, was break nicht direkt kann, oder die Implementierung komplexer endlicher Automaten), aber dies sind fortgeschrittene Fälle. Konzentriere dich als Anfänger zuerst darauf, die Standard-Kontrollflussstrukturen zu meistern. Wenn du dich dabei ertappst, nach goto zu greifen, tritt einen Schritt zurück und prüfe, ob es einen saubereren Weg mit if, Schleifen oder Funktionen gibt.

Kapitelzusammenfassung

In diesem Kapitel hast du die Kontrolle über den Ausführungspfad deiner Lua-Programme erlangt. Du hast gelernt, Entscheidungen mit if-, elseif- und else-Anweisungen zu treffen, sodass dein Code basierend auf den in Kapitel 3 etablierten Bedingungen unterschiedlich reagieren kann. Du hast auch die Wiederholung mittels

Schleifen gemeistert: die Bedingung-zuerst `while`-Schleife, die mindestens-einmal-ausführen `repeat...until`-Schleife und die zählerbasierte numerische `for`-Schleife. Wir hatten einen kleinen Vorgeschmack auf die mächtige generische `for`-Schleife (mehr in Kapitel 6!) zum Iterieren über Sammlungen. Wir haben gesehen, wie `break` dich Schleifen frühzeitig verlassen lässt, und die `goto`-Anweisung besprochen, mit der dringenden Empfehlung, sie nur mit äußerster Vorsicht zu verwenden, wenn überhaupt.

Diese Kontrollstrukturen sind die fundamentalen Werkzeuge zur Erstellung von Logik. Du kannst jetzt Programme schreiben, die mehr tun, als nur Befehle nacheinander auszuführen. Oftmals führt der Code, den du in diese `if`-Blöcke und Schleifen platzierst, eine spezifische, wiederverwendbare Aufgabe aus. Im nächsten Kapitel lernen wir, wie man diese wiederverwendbaren Codeblöcke in **Funktionen** verpackt, um unsere Programme organisierter, effizienter und einfacher zu verwalten.

5

Funktionen

Im vorherigen Kapitel haben wir gelernt, wie wir den Ablauf unserer Programme mithilfe von if-Anweisungen und Schleifen steuern können. Wenn deine Programme wachsen, wirst du oft feststellen, dass du dieselbe Abfolge von Aktionen an mehreren Stellen ausführen musst. Code zu kopieren und einzufügen funktioniert zwar, ist aber ineffizient und fehleranfällig. Wenn du einen Fehler findest oder eine Änderung vornehmen musst, musst du sie überall aktualisieren, wo du sie eingefügt hast! Wäre es nicht besser, diesen Code *einmal* zu schreiben und ihn einfach aufzurufen, wann immer du ihn brauchst? Genau das ermöglichen dir **Funktionen**. Funktionen sind benannte Codeblöcke, die dazu dienen, eine bestimmte Aufgabe auszuführen. Sie sind die fundamentalen Bausteine für die Organisation größerer Lua-Programme und machen deinen Code sauberer, leichter wiederverwendbar und wesentlich einfacher zu verstehen und zu warten.

Was sind Funktionen?

Stell dir eine Funktion wie ein Rezept vor. Ein Rezept hat einen Namen (z. B. „Schokoladenkuchen backen"), eine Liste von Zutaten, die es benötigt (Parameter), und eine Reihe von Schritten, die zu befolgen sind (der Funktionskörper). Wenn du einen Schokoladenkuchen möchtest, „rufst" du das Rezept auf, stellst die Zutaten bereit (Argumente) und befolgst die Schritte, um ein Ergebnis zu erhalten (den Kuchen oder einen Rückgabewert).

In Lua ist eine Funktion ein Codeblock, den du kannst:

- **Einen Namen geben:** Damit du dich leicht darauf beziehen kannst.
- **Aufrufen (oder invoken):** Um den Code darin auszuführen.
- **Daten übergeben:** Mithilfe von **Parametern**.
- **Daten erhalten:** Mithilfe von **Rückgabewerten**.

Warum die Mühe machen, Code in Funktionen zu verpacken?

- **Organisation:** Funktionen zerlegen komplexe Probleme in kleinere, handhabbare Teile. Jede Funktion kümmert sich um einen spezifischen Teil der Aufgabe.
- **Wiederverwendbarkeit:** Schreibe den Code einmal, rufe ihn viele Male aus verschiedenen Teilen deines Programms auf. Das spart Zeit und reduziert Fehler.
- **Abstraktion:** Wenn du eine Funktion aufrufst, musst du oft nicht wissen, *wie* sie ihre Aufgabe intern erledigt, sondern nur, *was* sie tut. Das verbirgt Komplexität und macht deinen Hauptcode leichter lesbar. Zum Beispiel rufst du `print()` auf, ohne die komplexen Details kennen zu müssen, wie es mit dem Betriebssystem interagiert, um Text auf dem Bildschirm anzuzeigen.

Deine eigenen Funktionen definieren

Du erstellst eine Funktion in Lua mit dem Schlüsselwort `function`. Die gebräuchlichste Methode sieht so aus:

```
function funktionsName(parameter1, parameter2, ...) -- Parameter sind optional
    -- Codeblock (der Funktionskörper)
    -- Dieser Code läuft, wenn die Funktion aufgerufen wird.
    -- Er kann die ihm übergebenen Parameter verwenden.
    -- Er könnte einen Wert mit dem 'return'-Schlüsselwort zurückgeben.
end
```

Schlüsseln wir das auf:

- `function`: Das Schlüsselwort, das den Beginn einer Funktionsdefinition signalisiert.
- `funktionsName`: Der Name, den du für deine Funktion wählst. Er folgt denselben Benennungsregeln wie Variablen (Buchstaben, Zahlen, Unterstriche, darf nicht mit einer Zahl beginnen, case-sensitive). Wähle beschreibende Namen!

- (parameter1, parameter2, ...): Eine optionale Liste von **Parameter**namen, getrennt durch Kommas, in Klammern eingeschlossen. Parameter fungieren als lokale Variablen innerhalb der Funktion und erhalten die Werte, die beim Aufruf der Funktion übergeben werden. Wenn die Funktion keine Eingabe benötigt, verwendest du einfach leere Klammern ().
- -- Codeblock: Die Sequenz von Lua-Anweisungen, die die Aufgabe der Funktion ausmachen. Dies ist der **Funktionskörper**.
- end: Das Schlüsselwort, das das Ende der Funktionsdefinition markiert.

Hier ist eine einfache Funktionsdefinition:

```
-- Definiert eine Funktion namens 'gruessen', die einen Parameter 'name'
entgegennimmt
function gruessen(name)
  local nachricht = "Hallo, " .. name .. "!"
  print(nachricht)
end
```

Dieser Code *definiert* die Funktion gruessen, führt aber den Code darin noch nicht aus. Es ist, als würde man das Rezept aufschreiben, aber den Kuchen noch nicht backen.

Funktionen aufrufen

Um den Code innerhalb einer Funktion auszuführen, **rufst** du sie auf, indem du ihren Namen gefolgt von Klammern () verwendest. Wenn die Funktion Argumente (Werte für ihre Parameter) erwartet, setzt du sie in die Klammern.

```
-- Rufe die gruessen-Funktion auf und übergebe den String "Alice" als Argument
gruessen("Alice")

-- Rufe sie erneut mit einem anderen Argument auf
gruessen("Bob")
```

Ausgabe:

```
Hallo, Alice!
Hallo, Bob!
```

Wenn gruessen("Alice") aufgerufen wird:

1. Der Wert "Alice" (das **Argument**) wird dem `name`-**Parameter** innerhalb der gruessen-Funktion zugewiesen.
2. Der Code innerhalb von gruessen wird ausgeführt. Die lokale Variable `nachricht` wird zu "Hallo, Alice!".
3. `print(nachricht)` zeigt die Begrüßung an.

Informationen übergeben

Parameter und Argumente sind zwei Seiten derselben Medaille und beziehen sich darauf, wie Funktionen Eingaben erhalten.

- **Parameter:** Das sind die Variablennamen, die in der *Funktionsdefinition* in den Klammern aufgeführt sind. Sie dienen als Platzhalter für die Werte, die beim Aufruf der Funktion bereitgestellt werden. Sie sind immer `local` für die Funktion.
- **Argumente:** Das sind die tatsächlichen Werte, die du *an* die Funktion übergibst, wenn du sie *aufrufst*.

```
-- Definition: 'breite' und 'hoehe' sind PARAMETER
function berechneFlaeche(breite, hoehe)
  local flaeche = breite * hoehe
  print("Die Fläche ist:", flaeche)
end

-- Aufruf: 10 und 5 sind ARGUMENTE
berechneFlaeche(10, 5)
```

Ausgabe:

```
Die Fläche ist: 50
```

Lua ordnet Argumente den Parametern basierend auf ihrer **Position** zu. Das erste Argument geht an den ersten Parameter, das zweite Argument an den zweiten Parameter und so weiter.

- Wenn du *weniger* Argumente als Parameter angibst, erhalten die zusätzlichen Parameter den Wert `nil`.
- Wenn du *mehr* Argumente als Parameter angibst, werden die zusätzlichen Argumente einfach ignoriert (es sei denn, die Funktion ist darauf ausgelegt, variable Argumente zu verarbeiten, siehe unten).

```lua
function zeigeInfo(name, alter, stadt)
  print("Name:", name, "Alter:", alter, "Stadt:", stadt)
end

zeigeInfo("Carlos", 30, "Kairo", "Extra Argument") -- "Extra Argument" ignoriert
zeigeInfo("Diana", 25) -- stadt-Parameter wird nil
```

Ausgabe:

```
Name:    Carlos  Alter:   30      Stadt:  Kairo
Name:    Diana   Alter:   25      Stadt:  nil
```

Ergebnisse erhalten

Viele Funktionen berechnen ein Ergebnis, das der aufrufende Code verwenden muss. Das Drucken innerhalb der Funktion ist nützlich für die Anzeige, aber oft möchtest du, dass die Funktion einen Wert *zurückgibt*. Dies geschieht mit dem Schlüsselwort return.

Wenn Lua auf return trifft, verlässt es sofort die Funktion und sendet den/die angegebenen Wert(e) zurück an die Stelle, an der die Funktion aufgerufen wurde.

```lua
function addiereZahlen(zahl1, zahl2)
  local summe = zahl1 + zahl2
  return summe -- Sende die berechnete Summe zurück
  -- Code nach 'return' im selben Block wird NICHT ausgeführt
  print("Diese Zeile wird nie erreicht.")
end

-- Rufe die Funktion auf und speichere den zurückgegebenen Wert in einer
Variablen
local ergebnis = addiereZahlen(5, 3)
print("Das Ergebnis der Addition ist:", ergebnis)

-- Du kannst den zurückgegebenen Wert auch direkt in einem Ausdruck verwenden
local anderesErgebnis = addiereZahlen(10, 20) * 2
print("Eine weitere Berechnung:", anderesErgebnis)
```

Ausgabe:

```
Das Ergebnis der Addition ist: 8
Eine weitere Berechnung: 60
```

Eine Funktion kann ohne Wert zurückkehren (return allein), was äquivalent zur Rückgabe von nil ist. Wenn eine Funktion ihr end erreicht, ohne auf eine return-Anweisung zu stoßen, gibt sie ebenfalls implizit nil zurück.

Luas besondere Kraft

Eines der charakteristischen Merkmale von Lua ist, dass Funktionen problemlos **mehrere Werte** zurückgeben können. Liste einfach die Werte nach dem return-Schlüsselwort auf, getrennt durch Kommas.

```lua
function getKoordinaten()
  local x = 100
  local y = 250
  return x, y -- Gib zwei Werte zurück
end

-- Weise die zurückgegebenen Werte mehreren Variablen zu
local posX, posY = getKoordinaten()
print("Position X:", posX)
print("Position Y:", posY)

-- Wenn du weniger Variablen angibst, werden zusätzliche Rückgabewerte verworfen
local ersterWert = getKoordinaten()
print("Nur ersten Wert erhalten:", ersterWert)

-- Wenn du mehr Variablen angibst, erhalten zusätzliche Variablen nil
local wert1, wert2, wert3 = getKoordinaten()
print("Werte:", wert1, wert2, wert3)
```

Ausgabe:

```
Position X:     100
Position Y:     250
Nur ersten Wert erhalten:      100
Werte: 100     250     nil
```

Diese Fähigkeit, mehrere Werte zurückzugeben, ist sehr praktisch und vermeidet oft die Notwendigkeit, Ergebnisse nur zur Rückgabe in eine Tabelle zu verpacken.

Flexible Funktionen

Was ist, wenn du eine Funktion erstellen möchtest, die *eine beliebige* Anzahl von Argumenten akzeptieren kann? Wie die print-Funktion, die ein, zwei oder viele Argumente entgegennehmen kann. Lua bietet dafür die **Varargs**-Funktion (variable Argumente) mit drei Punkten (...) als letztem Parameter in der Funktionsdefinition.

```lua
function summiereAlle(...)
  local gesamt = 0
  -- Die '...' repräsentieren eine Liste der übergebenen Argumente
  -- Wir können sie mit { ... } in einer Tabelle erfassen
  local args = { ... } -- Packe Argumente in eine Tabelle namens 'args'

  -- Jetzt können wir durch die Tabelle iterieren (mit generischem 'for',
Kapitel 6)
  for i, wert in ipairs(args) do
    gesamt = gesamt + wert
  end
  return gesamt
end


local summe1 = summiereAlle(1, 2, 3)          -- Übergebe 3 Argumente
local summe2 = summiereAlle(10, 20, 30, 40, 50) -- Übergebe 5 Argumente
local summe3 = summiereAlle()                  -- Übergebe 0 Argumente

print("Summe 1:", summe1) -- Ausgabe: Summe 1: 6
print("Summe 2:", summe2) -- Ausgabe: Summe 2: 150
print("Summe 3:", summe3) -- Ausgabe: Summe 3: 0
```

Innerhalb einer Vararg-Funktion verhält sich ... gewissermaßen wie eine Liste. Du kannst:

- **Sie in eine Tabelle packen**: {...} erstellt eine neue Tabelle, die alle variablen Argumente enthält. Dies ist oft der einfachste Weg, mit ihnen zu arbeiten.
- `select('#', ...)` **verwenden**: Dies gibt die *Anzahl* der übergebenen variablen Argumente zurück.
- `select(n, ...)` **verwenden**: Dies gibt das *n*-te variable Argument und alle nachfolgenden zurück.

```lua
function beschreibe(...)
  local anzahlArgs = select('#', ...)
  print("Anzahl der Argumente:", anzahlArgs)

  if anzahlArgs > 0 then
    local erstesArg = select(1, ...)
    print("Erstes Argument:", erstesArg)
  end
  if anzahlArgs > 1 then
    local zweitesArg = select(2, ...)
```

```
      print("Zweites Argument:", zweitesArg)
   end
end

beschreibe("Apfel", true, 100)
```

Ausgabe:

```
Anzahl der Argumente: 3
Erstes Argument: Apfel
Zweites Argument: true
```

Variable Argumente bieten große Flexibilität für Funktionen, die unterschiedliche Eingaben verarbeiten müssen.

Wo Variablen leben

Erinnerst du dich an das `local`-Schlüsselwort, das wir in Kapitel 2 hervorgehoben haben? Seine Bedeutung wird bei der Arbeit mit Funktionen noch deutlicher. **Geltungsbereich (Scope)** bezieht sich auf den Bereich deines Codes, in dem eine Variable zugänglich ist.

- **Globale Variablen:** Wenn du eine Variable *ohne* das `local`-Schlüsselwort deklarierst (entweder außerhalb jeder Funktion oder innerhalb einer), wird sie zu einer **globalen** Variable. Globale Variablen werden in einer speziellen versteckten Tabelle gespeichert (der Umgebungstabelle, oft `_G`) und sind von *überall* in deinem gesamten Lua-Programm zugänglich (auch innerhalb jeder Funktion).

```
appNamen = "Meine tolle App" -- Globale Variable (kein 'local')

function druckeAppNamen()
  print("Läuft:", appNamen) -- Zugriff auf die globale Variable
end

druckeAppNamen() -- Ausgabe: Läuft: Meine tolle App
```

Obwohl einfach zu verwenden, ist die übermäßige Nutzung globaler Variablen generell **schlechte Praxis**. Warum?

- **Namenskonflikte:** Verschiedene Teile deines Codes (oder verschiedene Module, die du verwendest) könnten versehentlich denselben globalen Variablennamen verwenden, sich gegenseitig Werte überschreiben und schwer zu debuggende Fehler verursachen.
- **Versteckte Abhängigkeiten:** Es ist schwer zu erkennen, von welchen Teilen des Codes eine Funktion abhängt, wenn sie viele globale Variablen verwendet.
- **Garbage Collection:** Globale Variablen werden normalerweise nie automatisch von der Garbage Collection erfasst (Kapitel 13), da das Programm über die globale Tabelle immer eine Referenz auf sie behält.

- **Lokale Variablen:** Variablen, die mit dem `local`-Schlüsselwort deklariert werden, haben einen **lokalen Geltungsbereich**. Ihre Sichtbarkeit ist auf den **Block** des Codes beschränkt, in dem sie definiert sind.

  - Ein Block ist typischerweise der Code zwischen do und end, then und end, function und end oder einfach die gesamte Datei (Chunk).
  - Parameter einer Funktion sind ebenfalls lokal für diese Funktion.

```
local globaleNachricht = "Ich bin global (für diese Datei)"

function meineFunktion(param) -- 'param' ist lokal für meineFunktion
  local lokaleVar = "Ich bin lokal für meineFunktion"
  print(lokaleVar)
  print(param)
  print(globaleNachricht) -- Kann auf lokale Variablen aus umfassenden
Blöcken zugreifen

  if param > 10 then
    local verschachtelteLokale = "Ich bin lokal für den 'if'-Block"
    print(verschachtelteLokale)
  end
  -- print(verschachtelteLokale) -- FEHLER! verschachtelteLokale ist
hier nicht sichtbar
end

meineFunktion(15)
-- print(lokaleVar) -- FEHLER! lokaleVar ist hier nicht sichtbar
-- print(param)    -- FEHLER! param ist hier nicht sichtbar
print(globaleNachricht) -- Das funktioniert
```

Bevorzuge immer `local`-**Variablen.** Sie machen deinen Code sauberer, sicherer und leichter nachvollziehbar. Verwende globale Variablen nur, wenn du explizit einen breit geteilten Zustand benötigst, und selbst dann erwäge Alternativen wie die Übergabe von Werten über Funktionsargumente oder deren Speicherung in Modulen (Kapitel 10).

Funktionen sind auch Werte!

Dies ist ein Eckpfeiler-Konzept in Lua: **Funktionen sind Werte erster Klasse** (oder first-class citizens). Das bedeutet, du kannst Funktionen genauso behandeln wie jeden anderen Datentyp (wie Zahlen, Strings oder Tabellen):

- **Funktionen Variablen zuweisen:**

```lua
function sageHi()
  print("Hi!")
end

local grussFunktion = sageHi -- Weise die Funktion selbst zu
grussFunktion() -- Rufe sie über den neuen Variablennamen auf
-- Ausgabe: Hi!
```

Dies ist so üblich, dass Lua dafür syntaktischen Zucker bietet. Die Standard-definition function foo() ... end ist äquivalent zu local foo = function() ... end. Die zweite Form hebt hervor, dass du eine anonyme Funktion erstellst und sie einer lokalen Variablen zuweist.

- **Funktionen in Tabellen speichern:**

```lua
local operationen = {}
operationen.addieren = function(a, b) return a + b end
operationen.subtrahieren = function(a, b) return a - b end

print(operationen.addieren(10, 5)) -- Ausgabe: 15
```

Dies ist fundamental dafür, wie objektorientierte Programmierung oft in Lua umgesetzt wird (Kapitel 15).

- **Funktionen als Argumente an andere Funktionen übergeben (Callbacks):**

```lua
function macheMathe(a, b, matheOperation)
  local ergebnis = matheOperation(a, b) -- Rufe die übergebene Funktion auf
  print("Ergebnis:", ergebnis)
end
```

```lua
function multiplizieren(x, y)
  return x * y
end

macheMathe(7, 6, multiplizieren) -- Übergebe die 'multiplizieren'-
Funktion als Argument
-- Ausgabe: Ergebnis: 42


-- Übergebe eine anonyme Funktion direkt:
macheMathe(7, 6, function(x, y) return x / y end)
-- Ausgabe: Ergebnis: 1.1666666666667
```

- **Funktionen aus anderen Funktionen zurückgeben:**

```lua
function erstelleGrussFunktion(grussWort)
  -- Gib eine NEUE Funktion zurück
  return function(name)
    print(grussWort .. ", " .. name .. "!")
  end
end

local sageHallo = erstelleGrussFunktion("Hallo")
local sageBonjour = erstelleGrussFunktion("Bonjour")

sageHallo("Welt")     -- Ausgabe: Hallo, Welt!
sageBonjour("Monde") -- Ausgabe: Bonjour, Monde!
```

Dieses letzte Beispiel führt uns direkt zu Closures.

Die First-Class-Natur von Funktionen macht Lua unglaublich flexibel und leistungsfähig und ermöglicht Programmiermuster, die in funktionalen Programmiersprachen
üblich sind.

Closures verstehen

Closures sind eine direkte Konsequenz davon, dass Funktionen Werte erster Klasse
sind und Lua **lexikalisches Scoping** verwendet.

- **Lexikalisches Scoping:** Wenn eine Funktion definiert wird, erinnert sie sich
  an die Umgebung (den Satz lokaler Variablen, auf die sie zugreifen kann) von
  dem Ort, an dem sie definiert wurde, nicht von dem Ort, an dem sie
  aufgerufen wird.

- **Closure:** Eine Closure ist eine Funktion kombiniert mit der Umgebung, die sie bei ihrer Erstellung „eingefangen" hat. Das bedeutet, eine Funktion kann immer noch auf die lokalen Variablen ihrer *umschließenden* Funktion zugreifen, sogar *nachdem* die umschließende Funktion ihre Ausführung beendet hat!

Schauen wir uns das erstelleGrussFunktion-Beispiel noch einmal an:

```lua
function erstelleGrussFunktion(grussWort) -- Umschließende Funktion
  -- 'grussWort' ist eine lokale Variable von erstelleGrussFunktion

  local grussFunc = function(name) -- Innere Funktion
    -- Diese innere Funktion kann auf 'grussWort' aus ihrer
    -- umschließenden Umgebung zugreifen, auch nachdem erstelleGrussFunktion
zurückgekehrt ist.
    print(grussWort .. ", " .. name .. "!")
  end

  return grussFunc -- Gib die innere Funktion zurück
end

local sageHallo = erstelleGrussFunktion("Hallo") -- grussWort="Hallo" wird
eingefangen
local sageBonjour = erstelleGrussFunktion("Bonjour") -- grussWort="Bonjour" wird
eingefangen

-- Wenn sageHallo aufgerufen wird, erinnert es sich immer noch, dass grussWort
"Hallo" war
sageHallo("Alice") -- Ausgabe: Hallo, Alice!

-- Wenn sageBonjour aufgerufen wird, erinnert es sich, dass grussWort "Bonjour"
war
sageBonjour("Bob") -- Ausgabe: Bonjour, Bob!
```

Jede von erstelleGrussFunktion zurückgegebene Funktion (sageHallo, sageBonjour) ist eine **Closure**. Sie verpacken den Funktionscode *und* den spezifischen Wert von grussWort, der existierte, als sie erstellt wurden.

Closures sind mächtig zur Erstellung privaten Zustands, zum Bau von Iteratoren, zur Implementierung von Callbacks mit Kontext und vielem mehr.

Hier ist ein weiteres klassisches Closure-Beispiel: eine Zählerfabrik.

```lua
function erstelleZaehler()
  local zaehlerstand = 0 -- Diese lokale Variable wird eingefangen
  return function() -- Gib die Closure zurück
```

```
      zaehlerstand = zaehlerstand + 1
      return zaehlerstand
   end
end

local zaehler1 = erstelleZaehler()
local zaehler2 = erstelleZaehler()

print(zaehler1()) -- Ausgabe: 1
print(zaehler1()) -- Ausgabe: 2 (Verwendet seinen eigenen 'zaehlerstand')
print(zaehler2()) -- Ausgabe: 1 (Verwendet seinen eigenen separaten
'zaehlerstand')
print(zaehler1()) -- Ausgabe: 3
```

Jede Zählerfunktion behält ihre eigene unabhängige `zaehlerstand`-Variable bei, die aus ihrem spezifischen Aufruf von `erstelleZaehler` eingefangen wurde.

Funktionen, die sich selbst aufrufen

Rekursion tritt auf, wenn eine Funktion sich selbst aufruft, entweder direkt oder indirekt. Es ist eine Methode, Probleme zu lösen, indem man sie in kleinere, selbstähnliche Teilprobleme zerlegt.

Jede rekursive Funktion benötigt zwei Teile:

1. **Basisfall (Base Case):** Eine oder mehrere Bedingungen, die die Rekursion stoppen. Ohne einen Basisfall würde sich die Funktion für immer selbst aufrufen, was zu einem **Stack-Overflow**-Fehler führt (der Computer hat keinen Speicher mehr, um Funktionsaufrufe zu verfolgen).
2. **Rekursiver Schritt:** Der Teil, in dem die Funktion sich selbst aufruft, normalerweise mit modifizierten Argumenten, die sie näher an den Basisfall bringen.

Ein klassisches Beispiel ist die Berechnung der Fakultät einer nicht-negativen ganzen Zahl n (bezeichnet als $n!$), was das Produkt aller positiven ganzen Zahlen bis n ist. ($0!$ ist als 1 definiert). $n! = n * (n-1)!$ für $n > 0$ $0! = 1$ (Basisfall)

```
function fakultaet(n)
  -- Basisfall: Fakultät von 0 ist 1
  if n == 0 then
    return 1
  -- Rekursiver Schritt: n * fakultaet(n-1)
  else
```

```
    return n * fakultaet(n - 1)
  end
end

print(fakultaet(5)) -- 5 * 4 * 3 * 2 * 1 = 120
-- Ausgabe: 120
print(fakultaet(0)) -- Ausgabe: 1
-- print(fakultaet(-1)) -- Fehler: Stack Overflow (kein Basisfall für negative
Zahlen)
```

Wie `fakultaet(3)` funktioniert:

1. `fakultaet(3)` ruft `fakultaet(2)` auf, benötigt `3 * ergebnis`
2. `fakultaet(2)` ruft `fakultaet(1)` auf, benötigt `2 * ergebnis`
3. `fakultaet(1)` ruft `fakultaet(0)` auf, benötigt `1 * ergebnis`
4. `fakultaet(0)` erreicht den Basisfall, gibt 1 zurück.
5. `fakultaet(1)` empfängt 1, gibt `1 * 1` = 1 zurück.
6. `fakultaet(2)` empfängt 1, gibt `2 * 1` = 2 zurück.
7. `fakultaet(3)` empfängt 2, gibt `3 * 2` = 6 zurück.

Rekursion kann zu eleganten Lösungen für Probleme führen, die eine natürlich rekursive Struktur haben (wie das Durchlaufen von Baumdatenstrukturen). Sie kann jedoch manchmal weniger effizient sein (aufgrund des Overheads von Funktionsaufrufen) als eine iterative Lösung mit Schleifen. Stelle immer sicher, dass deine rekursive Funktion einen klaren Basisfall hat!

Kapitelzusammenfassung

Dieses Kapitel hat Funktionen vorgestellt, die Arbeitspferde der Code-Organisation und Wiederverwendung in Lua. Du hast gelernt, wie man Funktionen mit `function...end` definiert, sie mit `()` aufruft, Informationen mittels Parametern und Argumenten übergibt und Ergebnisse mit `return` zurückerhält, einschließlich Luas praktischer Fähigkeit, mehrere Werte zurückzugeben. Wir haben variable Argumente (`...`) für flexible Eingaben untersucht. Das kritische Konzept des Variablen-Geltungsbereichs (`local` vs. `global`) wurde bekräftigt, wobei hervorgehoben wurde, warum `local` stark bevorzugt wird. Wir haben die Macht von Funktionen als Werte erster Klasse aufgedeckt, die Muster wie Callbacks und Closures ermöglichen – Funktionen, die sich an ihre Erstellungsumgebung erinnern. Schließlich haben wir die Rekursion als Problemlösungstechnik berührt, bei der Funktionen sich selbst aufrufen.

Funktionen erlauben uns, Verhalten zu bündeln. Oft operiert dieses Verhalten auf Daten, oder Funktionen selbst werden *als* Daten behandelt. Der primäre Weg zur Strukturierung von Daten in Lua ist die Verwendung von Tabellen. Im nächsten Kapitel werden wir tief in Tabellen eintauchen, Luas bemerkenswert vielseitige und fundamentale Datenstruktur.

6

Tabellen

Bereite dich auf das wichtigste, vielseitigste und wohl genialste Feature von Lua vor: die **Tabelle**. In vielen anderen Programmiersprachen gibt es separate Werkzeuge für verschiedene Arten von Sammlungen – Arrays für geordnete Listen, Wörterbücher oder Maps für Schlüssel-Wert-Suchen, vielleicht Sets oder andere Strukturen. Lua verfolgt einen radikal einfachen Ansatz: Es bietet *eine* fundamentale Datenstruktur, die Tabelle, die all diese Rollen und mehr elegant handhaben kann. Das Verständnis von Tabellen ist der Schlüssel zur Beherrschung von Lua, da sie für alles verwendet werden, von einfachen Listen bis hin zur komplexen objektorientierten Programmierung (wie wir in Kapitel 15 sehen werden). Tauchen wir ein, wie man diese mächtigen Behälter erstellt, manipuliert und durchläuft.

Die Eine Struktur, sie alle zu knechten

Also, was genau *ist* eine Tabelle? Im Kern ist eine Tabelle ein **assoziatives Array**. Du kannst es dir wie ein intelligentes Wörterbuch oder eine Sammlung beschrifteter Kisten vorstellen. Jeder Eintrag in einer Tabelle besteht aus einem **Schlüssel** und einem **Wert**.

- **Schlüssel (Key):** Das Etikett oder der Index, den du zum Zugriff auf einen Eintrag verwendest. In Lua können Schlüssel fast jeder Wert sein – Zahlen, Strings, Booleans, sogar andere Tabellen oder Funktionen (obwohl `nil` nicht als Schlüssel verwendet werden kann).

- **Wert (Value):** Die Daten, die unter diesem Schlüssel gespeichert sind. Werte können von jedem Lua-Typ sein, einschließlich `nil` (obwohl das Zuweisen von `nil` das Schlüssel-Wert-Paar effektiv entfernt).

Diese einfache Schlüssel-Wert-Struktur ermöglicht es Tabellen, sich wie folgt zu verhalten:

- **Arrays/Listen:** Durch Verwendung aufeinanderfolgender positiver Ganzzahlen (1, 2, 3, ...) als Schlüssel.
- **Wörterbücher/Maps/Hashes:** Durch Verwendung von Strings oder anderen nicht-ganzzahligen Werten als Schlüssel.
- **Records/Structs:** Durch Verwendung beschreibender String-Schlüssel (wie Feldnamen).
- **Objekte:** Durch Speicherung von Daten (Feldern) und Funktionen (Methoden), oft kombiniert mit Metatabellen (Kapitel 7).
- **Sets (Mengen):** Durch Speicherung von Elementen als Schlüssel mit einem Dummy-Wert (wie `true`).

Diese Vereinheitlichung vereinfacht die Sprache immens, erfordert aber, dass du verstehst, wie man Tabellen in verschiedenen Kontexten effektiv einsetzt.

Tabellen erstellen

Du erstellst Tabellen mit **Tabellenkonstruktoren**, gekennzeichnet durch geschweifte Klammern {}.

Die leere Tabelle

Die einfachste Tabelle ist eine leere:

```
local leererBehaelter = {}
print(type(leererBehaelter)) -- Ausgabe: table
```

Listen-Stil-Konstruktor

Um eine Tabelle zu erstellen, die sich wie eine Liste oder ein Array verhält, kannst du die Werte durch Kommas getrennt auflisten. Lua weist automatisch positive ganzzahlige Schlüssel beginnend bei **1** zu (dies ist die Standardkonvention in Lua – Indizes beginnen bei 1, nicht bei 0 wie in vielen anderen Sprachen).

```
local farben = { "rot", "grün", "blau" }
-- Äquivalent zu:
-- local farben = {}
-- farben[1] = "rot"
-- farben[2] = "grün"
-- farben[3] = "blau"

local zahlen = { 10, 20, 30, 40, 50 }
```

Record-Stil-Konstruktor

Um eine Tabelle zu erstellen, die sich wie ein Wörterbuch oder Record verhält, gibst du Schlüssel-Wert-Paare mit der Syntax [schluessel] = wert an oder, für String-Schlüssel, die gültige Bezeichner sind, die Kurzschreibweise schluessel = wert.

```
-- Verwendung von String-Schlüsseln mit der Kurzschreibweise
local spieler = { name = "Alex", punktestand = 1500, aktiv = true }
-- Äquivalent zu:
-- local spieler = {}
-- spieler["name"] = "Alex"
-- spieler["punktestand"] = 1500
-- spieler["aktiv"] = true

-- Verwendung anderer Schlüsseltypen erfordert die Syntax mit eckigen Klammern
local beschreibungen = {
  [1] = "Erstes Element",
  ["farbe"] = "Orange",
  [true] = "Wert für booleschen Schlüssel",
  [{}] = "Wert für Tabellenschlüssel" -- Verwendung einer leeren Tabelle als
Schlüssel
}
```

Die schluessel = wert-Syntax ist sehr gebräuchlich für die Erstellung wörterbuchähnlicher Tabellen mit String-Schlüsseln.

Gemischte Stile

Du kannst Listen-Stil- und Record-Stil-Einträge innerhalb desselben Konstruktors mischen:

```
local gemischteTabelle = {
  "Apfel",                    -- Impliziter Schlüssel [1] = "Apfel"
  "Banane",                   -- Impliziter Schlüssel [2] = "Banane"
```

```
    anzahl = 2,                 -- Expliziter Schlüssel ["anzahl"] = 2
    [10] = "Etwas bei Index 10", -- Expliziter Schlüssel [10] = ...
    fruchtTyp = "Tropisch"      -- Expliziter Schlüssel ["fruchtTyp"] = ...
}
```

Tabellenkonstruktoren sind Ausdrücke, d. h. du kannst sie direkt Variablen zuweisen, an Funktionen übergeben oder von Funktionen zurückgeben lassen.

Zugriff auf Tabellenelemente

Sobald du eine Tabelle hast, benötigst du eine Möglichkeit, Werte daraus zu erhalten oder neue Werte hineinzulegen. Dies geschieht durch **Indizierung** der Tabelle mit einem Schlüssel.

Verwendung eckiger Klammern []

Der fundamentale Weg, eine Tabelle zu indizieren, ist die Verwendung eckiger Klammern []. Innerhalb der Klammern platzierst du den Schlüssel, auf dessen Wert du zugreifen oder den du ändern möchtest. Dies funktioniert für *jeden* Schlüsseltyp.

```
local farben = { "rot", "grün", "blau" }
local spieler = { name = "Alex", punktestand = 1500 }

-- Zugriff auf Werte
local ersteFarbe = farben[1] -- Zugriff über ganzzahligen Schlüssel 1
local spielerName = spieler["name"] -- Zugriff über String-Schlüssel "name"

print(ersteFarbe) -- Ausgabe: rot
print(spielerName) -- Ausgabe: Alex

-- Ändern von Werten
farben[2] = "dunkelgrün" -- Ändere den Wert bei Schlüssel 2
spieler["punktestand"] = spieler["punktestand"] + 100 -- Aktualisiere den
Punktestand

print(farben[2])          -- Ausgabe: dunkelgrün
print(spieler["punktestand"]) -- Ausgabe: 1600

-- Zugriff mit einem variablen Schlüssel
local zugriffsSchluessel = "name"
print(spieler[zugriffsSchluessel]) -- Ausgabe: Alex
```

Punktnotation .

Zur Bequemlichkeit bietet Lua die **Punktnotation** als syntaktischen Zucker an, wenn der Schlüssel ein **String** ist, der denselben Regeln folgt wie Lua-Variablennamen (Buchstaben, Zahlen, Unterstriche, beginnt nicht mit einer Zahl, kein Schlüsselwort).

`tabellenName.schluesselName` ist exakt äquivalent zu `tabellenName["schluessel-Name"]`.

```lua
local spieler = { name = "Alex", punktestand = 1500 }

-- Zugriff mit Punktnotation
local spielerName = spieler.name
print(spielerName) -- Ausgabe: Alex

-- Ändern mit Punktnotation
spieler.punktestand = spieler.punktestand + 50
print(spieler.punktestand) -- Ausgabe: 1550

-- Hinzufügen eines neuen Schlüssel-Wert-Paares mit Punktnotation
spieler.level = 3
print(spieler.level) -- Ausgabe: 3
```

Die Punktnotation wird im Allgemeinen für record-artige Tabellen bevorzugt, da sie sauberer ist, aber denk daran, dass sie **nur für gültige Bezeichner-String-Schlüssel funktioniert**. Du kannst sie nicht für numerische Schlüssel oder String-Schlüssel verwenden, die Leerzeichen oder Sonderzeichen enthalten.

```lua
local meineTabelle = {}
meineTabelle[1] = "Numerischer Schlüssel"
meineTabelle["Schlüssel mit Leerzeichen"] = "String-Schlüssel mit Leerzeichen"

-- print(meineTabelle.1) -- SYNTAXFEHLER!
print(meineTabelle[1]) -- Ausgabe: Numerischer Schlüssel

-- print(meineTabelle.Schlüssel mit Leerzeichen) -- SYNTAXFEHLER!
print(meineTabelle["Schlüssel mit Leerzeichen"]) -- Ausgabe: String-Schlüssel
mit Leerzeichen
```

Was passiert, wenn ein Schlüssel nicht existiert?

Wenn du versuchst, auf einen Schlüssel zuzugreifen, der in der Tabelle nicht existiert, löst Lua keinen Fehler aus. Stattdessen wird er einfach zu `nil` ausgewertet.

```
local daten = { wert = 10 }
print(daten.wert)      -- Ausgabe: 10
print(daten.fehlend) -- Ausgabe: nil
print(daten[1])        -- Ausgabe: nil (Schlüssel 1 existiert nicht)
```

Dieses Verhalten ist nützlich, da du es verwenden kannst, um die Existenz eines Schlüssels zu überprüfen:

```
if daten.optionaleEinstellung == nil then
  print("Optionale Einstellung nicht gefunden, verwende Standard.")
  -- Verwende einen Standardwert
else
  print("Verwende bereitgestellte optionale Einstellung:",
daten.optionaleEinstellung)
end
```

Tabellen als Arrays (Listen/Sequenzen)

Obwohl Tabellen beliebige Schlüssel verwenden können, ist ein häufiger und wichtiger Anwendungsfall, sie als Arrays oder Listen zu behandeln, indem man aufeinanderfolgende ganzzahlige Schlüssel ab 1 verwendet.

```
local einkaufsliste = { "Milch", "Eier", "Brot" }
print(einkaufsliste[1]) -- Ausgabe: Milch
print(einkaufsliste[3]) -- Ausgabe: Brot
```

Elemente zu Sequenzen hinzufügen

Eine häufige Aufgabe ist das Hinzufügen eines Elements am Ende einer Sequenz. Du kannst dies tun, indem du den Längenoperator # (den wir als Nächstes besprechen) verwendest, um den nächsten verfügbaren Index zu finden:

```
local aufgaben = { "Bericht schreiben", "Meeting besuchen" }
print(#aufgaben) -- Ausgabe: 2

aufgaben[#aufgaben + 1] = "Kunden anrufen" -- Am Ende hinzufügen (Index 3)
print(aufgaben[3]) -- Ausgabe: Kunden anrufen
print(#aufgaben) -- Ausgabe: 3
```

(Es gibt auch table.insert, *behandelt in Kapitel 12, was oft klarer dafür ist).*

65

Der Längenoperator # erneut betrachtet

Wir haben den Längenoperator # in Kapitel 3 bei Strings gesehen. Er funktioniert auch mit Tabellen, aber sein Verhalten ist spezifisch für Tabellen definiert, die als **Sequenzen** verwendet werden sollen (Arrays mit positiven ganzzahligen Schlüsseln ab 1).

Der #-Operator gibt einen ganzzahligen Schlüssel n zurück, sodass t[n] nicht nil ist und t[n+1] nil ist. Wenn die Tabelle leer ist oder keinen positiven ganzzahligen Schlüssel hat, gibt er 0 zurück. Im Wesentlichen findet er den **letzten numerischen Index** in einer Sequenz, die bei 1 beginnt und *keine Lücken* aufweist.

```
local sequenz = { 10, 20, 30, 40 }
print(#sequenz) -- Ausgabe: 4

local leer = {}
print(#leer) -- Ausgabe: 0

local gemischt = { 10, name = "Bob", 30 }
print(#gemischt) -- Ausgabe: 1 (Er findet t[1] ist nicht nil, t[2] ist nil)

local spärlich = { [1] = "a", [10] = "b" }
print(#spärlich) -- Ausgabe könnte 1 oder 0 oder 10 sein (Verhalten hier nicht
zuverlässig)
```

Entscheidende Falle: Lücken! Wenn deine Sequenz „Lücken" aufweist – nil-Werte, die ganzzahligen Schlüsseln innerhalb der Sequenz zugewiesen sind – wird das Verhalten von # **unvorhersehbar** und gibt möglicherweise nicht das erwartete Ergebnis zurück.

```
local hatLuecke = { "Apfel", "Banane", nil, "Orange" }
-- hatLuecke[1] = "Apfel", hatLuecke[2] = "Banane", hatLuecke[3] = nil,
hatLuecke[4] = "Orange"
print(#hatLuecke) -- Ausgabe: 2 (oder möglicherweise 4, abhängig von Lua-
Version/Details)
                 -- Er findet t[2] ist nicht nil, aber t[3] IST nil, also
könnte er dort aufhören.
```

Empfehlung: Wenn du eine Tabelle als Array/Sequenz verwendest und dich auf den #-Operator verlässt, **vermeide es, nil-Werte innerhalb der Sequenz zu platzieren**. Wenn du ein Element entfernen musst, verwende table.remove (Kapitel 12), das nachfolgende Elemente verschiebt, um die Sequenz dicht zu halten.

Tabellen als Wörterbücher (Maps, Assoziative Arrays)

Die wahre Kraft und Flexibilität von Lua-Tabellen zeigt sich, wenn du sie als Wörterbücher verwendest und beliebige Schlüssel mit Werten assoziierst. String-Schlüssel sind hier die häufigste Wahl.

```lua
local dateiInfo = {
  dateiname = "bericht.txt",
  groesse_kb = 128,
  typ = "text/plain",
  schreibgeschuetzt = false
}

print("Datei:", dateiInfo.dateiname)
print("Größe (KB):", dateiInfo.groesse_kb)

dateiInfo.schreibgeschuetzt = true -- Ändere einen Wert
dateiInfo.letzte_aenderung = os.time() -- Füge ein neues Schlüssel-Wert-Paar
hinzu

print("Schreibgeschützt:", dateiInfo.schreibgeschuetzt)
```

Du bist nicht auf Strings oder Zahlen als Schlüssel beschränkt. Jeder Lua-Wert außer nil (und NaN - Not a Number) kann ein Schlüssel sein:

```lua
local nachschlagTabelle = {}
local schluesselTabelle = { id = 1 }
local schluesselFunktion = function() print("Schlüssel") end

nachschlagTabelle[schluesselTabelle] = "Wert für schluesselTabelle"
nachschlagTabelle[schluesselFunktion] = "Wert für schluesselFunktion"
nachschlagTabelle[true] = "Wert für true"

print(nachschlagTabelle[schluesselTabelle]) -- Ausgabe: Wert für
schluesselTabelle
print(nachschlagTabelle[true])    -- Ausgabe: Wert für true
```

Die Verwendung von Tabellen oder Funktionen als Schlüssel ist seltener als Strings oder Zahlen, demonstriert aber die Flexibilität des zugrunde liegenden Mechanismus.

Durch Tabellen reisen

Wie verarbeitest du *alle* Elemente in einer Tabelle, ohne die Schlüssel vorher zu kennen? Lua bietet die **generische for-Schleife** in Kombination mit **Iteratorfunktionen**.

pairs(t)

Der gebräuchlichste Weg, um über *alle* Einträge in einer Tabelle zu iterieren (unabhängig vom Schlüsseltyp), ist die Verwendung von pairs. Es gibt eine Iteratorfunktion zurück, die bei jedem Schritt der generischen for-Schleife das nächste Schlüssel-Wert-Paar aus der Tabelle liefert.

Wichtig: Die Reihenfolge, in der pairs die Elemente besucht, ist **nicht festgelegt** und kann sich zwischen Ausführungen oder Lua-Versionen ändern. Verlasse dich nicht darauf, dass pairs dir Elemente in einer bestimmten Reihenfolge liefert (insbesondere nicht in der Reihenfolge, in der du sie definiert hast!). Dies liegt daran, dass Tabellen intern zur Effizienzsteigerung mithilfe von Hash-Tabellen implementiert sind.

```
local konfiguration = {
   breite = 1920,
   hoehe = 1080,
   vollbild = true,
   titel = "Spielfenster"
}

print("Konfiguration:")
for schluessel, wert in pairs(konfiguration) do
   -- 'schluessel' erhält den Schlüssel ("breite", "hoehe", etc.)
   -- 'wert' erhält den entsprechenden Wert (1920, 1080, etc.)
   print("  " .. tostring(schluessel) .. ": " .. tostring(wert))
end
```

Mögliche Ausgabe (Reihenfolge kann variieren!):

```
Konfiguration:
   hoehe: 1080
   breite: 1920
   titel: Spielfenster
   vollbild: true
```

ipairs(t)

Wenn du spezifisch über den Array-Teil einer Tabelle (Schlüssel 1, 2, 3, ...) **in Reihenfolge** iterieren möchtest, solltest du `ipairs` verwenden. Es gibt einen Iterator zurück, der den Index (Schlüssel) und den Wert für die ganzzahligen Schlüssel 1, 2, 3 usw. liefert und beim ersten ganzzahligen Schlüssel stoppt, der nicht in der Tabelle vorhanden ist (d. h. bei der ersten „Lücke").

```lua
local tage = { "Montag", "Dienstag", "Mittwoch", "Donnerstag", "Freitag" }

print("Wochentage:")
for index, tagName in ipairs(tage) do
  -- 'index' erhält den ganzzahligen Schlüssel (1, 2, 3, 4, 5)
  -- 'tagName' erhält den entsprechenden Wert
  print("  Tag " .. index .. ": " .. tagName)
end

local gemischteSequenz = { 10, 20, nil, 40, [1] = 5 } -- Hinweis: [1]=5
überschreibt die erste 10
print("\nGemischte Sequenz mit ipairs:")
for i, v in ipairs(gemischteSequenz) do
    print(" Index:", i, "Wert:", v)
end
```

Ausgabe:

```
Wochentage:
  Tag 1: Montag
  Tag 2: Dienstag
  Tag 3: Mittwoch
  Tag 4: Donnerstag
  Tag 5: Freitag

Gemischte Sequenz mit ipairs:
 Index: 1 Wert: 5
 Index: 2 Wert: 20
```

Beachte, wie `ipairs` bei Index 2 anhielt, weil `gemischteSequenz[3]` `nil` ist. Es hat den Wert 40 bei Index 4 nicht gesehen.

Numerische `for`-Schleife mit `#t`

Für einfache Array-Iteration, bei der du weißt, dass die Sequenz dicht ist (keine `nil`-Lücken), kannst du immer noch die numerische `for`-Schleife in Kombination mit dem Längenoperator # verwenden.

```
local punktestaende = { 100, 95, 88, 72, 99 }
print("\nPunktestände mit numerischem for:")
for i = 1, #punktestaende do
  print(" Punktestand " .. i .. ": " .. punktestaende[i])
end
```

Ausgabe:

```
Punktestände mit numerischem for:
 Punktestand 1: 100
 Punktestand 2: 95
 Punktestand 3: 88
 Punktestand 4: 72
 Punktestand 5: 99
```

Dies ist oft geringfügig effizienter als `ipairs` für reine Array-Iteration, aber denk an die Einschränkung bezüglich # und Lücken. Generell ist `ipairs` sicherer, wenn du nicht sicher bist, ob die Sequenz dicht ist.

Tabellen modifizieren

Tabellen sind dynamisch; du kannst Elemente hinzufügen, ändern und entfernen, nachdem sie erstellt wurden.

Neue Schlüssel-Wert-Paare hinzufügen

Weise einfach einem Schlüssel, der noch nicht existiert, einen Wert zu:

```
local person = { name = "Eva" }
person.alter = 25             -- Hinzufügen mit Punktnotation
person["stadt"] = "London"    -- Hinzufügen mit Klammernotation
```

Bestehende Werte ändern

Weise einem bestehenden Schlüssel einen neuen Wert zu. Der alte Wert wird überschrieben.

```
local einstellungen = { lautstaerke = 80 }
einstellungen.lautstaerke = 95 -- Aktualisiere den Wert
```

Elemente entfernen

Um ein Schlüssel-Wert-Paar aus einer Tabelle zu entfernen, weise seinem Schlüssel nil zu. Dies löscht den Eintrag effektiv.

```
local inventar = { waffe = "Schwert", trank = 3, gold = 150 }
print(inventar.trank) -- Ausgabe: 3

inventar.trank = nil -- Entferne den Trank-Eintrag

print(inventar.trank) -- Ausgabe: nil
print("\nVerbleibendes Inventar (Reihenfolge kann variieren):")
for k, v in pairs(inventar) do
  print(" ", k, v)
end
```

Ausgabe:

```
3
nil

Verbleibendes Inventar (Reihenfolge kann variieren):
  gold 150
  waffe Schwert
```

Das Zuweisen von nil ist der *einzige* Weg, einen Eintrag wirklich aus einer Tabelle zu entfernen. Das Setzen von inventar.trank = 0 würde nur den Wert ändern, nicht den Schlüssel selbst entfernen.

Häufige Fallstricke bei Tabellen

Tabellen sind mächtig, aber es gibt ein paar Punkte, über die Neulinge oft stolpern:

1. **Schlüssel müssen eindeutig sein:** Wenn du einem Schlüssel, der bereits existiert, einen Wert zuweist, wird der alte Wert ersetzt. Du kannst nicht zwei Einträge mit exakt demselben Schlüssel haben.

2. `pairs` **vs.** `ipairs`: Denk daran, `pairs` ist für *alle* Schlüssel in *unspezifizierter Reihenfolge*, während `ipairs` für die *geordnete ganzzahlige Sequenz* (1, 2, 3...) ist. Verwende das richtige Werkzeug für die Aufgabe.

3. **Der #-Operator und Lücken/Nicht-Sequenz-Schlüssel:** # funktioniert nur zuverlässig für Sequenzen (Arrays, die bei 1 beginnen und keine `nil`-Werte in der Mitte haben). Verwende ihn nicht in der Erwartung, die „Gesamtzahl der Elemente" in einer wörterbuchähnlichen Tabelle zu erhalten; verwende dafür bei Bedarf eine manuelle Zählung mit `pairs`.

4. **Tabellen sind Objekte (Referenztypen):** Wenn du eine Tabellenvariable einer anderen Variablen zuweist, erstellst du *keine* Kopie der Tabelle. Beide Variablen zeigen am Ende auf *dieselbe* Tabelle im Speicher. Das Ändern der Tabelle über eine Variable wirkt sich auf die andere aus.

```lua
local t1 = { 10, 20 }
local t2 = t1 -- t2 verweist nun auf DIESELBE Tabelle wie t1

t2[1] = 99 -- Ändere die Tabelle über t2

print(t1[1]) -- Ausgabe: 99 (t1 sieht die Änderung, da es dieselbe
Tabelle ist)

-- Um eine unabhängige Kopie zu erstellen, musst du Elemente manuell
kopieren:
local t3 = {}
for k, v in pairs(t1) do
  t3[k] = v
end
t3[1] = 111
print(t1[1]) -- Ausgabe: 99 (t1 ist von Änderungen an der Kopie t3
unberührt)
print(t3[1]) -- Ausgabe: 111
```

Das Verständnis dieses Referenzverhaltens ist entscheidend.

Kapitelzusammenfassung

Tabellen sind der Eckpfeiler der Datenstrukturierung in Lua. In diesem Kapitel hast du gelernt, wie man sie mit Konstruktoren ({}, Listen-Stil, Record-Stil, gemischt) erstellt, wie man mit eckigen Klammern ([]) und Punktnotation (.) auf ihre Elemente zugreift und sie modifiziert, und wie nil einen fehlenden Schlüssel signalisiert. Wir haben die Verwendung von Tabellen sowohl als 1-basierte Sequenzen (Arrays) als auch als vielseitige Wörterbücher (Maps) untersucht. Du hast die Iteration mithilfe der generischen for-Schleife mit pairs (für alle Elemente, ungeordnet) und ipairs (für die ganzzahlige Sequenz, geordnet) gemeistert und das spezifische Verhalten sowie die Einschränkungen des Längenoperators (#) verstanden. Schließlich haben wir häufige Fallstricke wie die Referenznatur von Tabellen und den Unterschied zwischen pairs und ipairs hervorgehoben.

Tabellen bieten die Struktur, aber ihr Standardverhalten ist ziemlich grundlegend. Was wäre, wenn du definieren wolltest, was passiert, wenn du versuchst, zwei Tabellen zu addieren, oder einen Schlüssel nachschlägst, der nicht existiert? Im nächsten Kapitel werden wir eine mächtige Anpassungsebene für Tabellen freischalten: **Metatabellen**.

7

Metatabellen

Im vorherigen Kapitel haben wir festgestellt, dass Tabellen Luas ultimatives Werkzeug zur Datenstrukturierung sind. Sie sind unglaublich flexibel und fungieren als Arrays, Wörterbücher und mehr. Aber ihr Standardverhalten ist geradlinig: Du speicherst Schlüssel-Wert-Paare, rufst sie ab, und das war's im Grunde. Was wäre, wenn du mehr wolltest? Was wäre, wenn du definieren könntest, was passiert, wenn du versuchst, zwei Tabellen zu addieren, die beispielsweise 2D-Vektoren repräsentieren? Oder was wäre, wenn du wolltest, dass eine Tabelle automatisch einen Standardwert liefert, wenn du versuchst, auf einen Schlüssel zuzugreifen, der nicht existiert? Lua bietet eine einzigartige und elegante Lösung für diese Art der Anpassung: **Metatabellen**. Stell dir Metatabellen als eine Möglichkeit vor, spezielle Anweisungen an eine Tabelle anzuhängen, die definieren, wie sie sich bei bestimmten Operationen verhalten soll, und deinen einfachen Tabellen effektiv Superkräfte verleihen.

Jenseits einfacher Tabellen

Stell dir vor, du hast zwei Tabellen, die Punkte im 2D-Raum repräsentieren:

```
local punkt1 = { x = 10, y = 20 }
local punkt2 = { x = 5,  y = 7  }
```

Wäre es nicht schön, wenn du einfach `punkt1 + punkt2` schreiben könntest, um einen neuen Punkt zu erhalten, der ihre Vektorsumme darstellt (`{ x = 15, y = 27 }`)? Wenn du das in Standard-Lua versuchst, erhältst du einen Fehler:

```
-- Dies verursacht einen Fehler:
-- local summe = punkt1 + punkt2
-- FEHLER: attempt to perform arithmetic on a table value (local 'punkt1')
```

Lua weiß nicht von Natur aus, wie man Tabellen addiert. Betrachte ebenfalls den Datenzugriff:

```
local standardwerte = { breite = 800, hoehe = 600 }
local benutzerEinstellungen = { hoehe = 768 }

-- Wir möchten, dass benutzerEinstellungen.breite standardwerte.breite
zurückgibt, wenn es nicht gesetzt ist
print(benutzerEinstellungen.breite) -- Ausgabe: nil (Standard-Lua-Verhalten)
```

Wir möchten, dass `benutzerEinstellungen.breite` magischerweise auf `standardwerte.breite` zurückfällt, wenn es nicht direkt in `benutzerEinstellungen` existiert.

Dies sind die Arten von Situationen, in denen Metatabellen glänzen. Sie ermöglichen es dir, Operationen wie Addition (+), Indizierung (`tabelle[schluessel]`), Zuweisung (`tabelle[schluessel] = wert`) und andere abzufangen und deine eigene benutzerdefinierte Logik bereitzustellen.

Was ist eine Metatabelle?

Eine Metatabelle ist ganz einfach **nur eine weitere Lua-Tabelle**. Was sie besonders macht, ist ihr *Zweck*. Du assoziierst diese Metatabelle mit deiner ursprünglichen Tabelle, und Lua wird innerhalb der Metatabelle nach bestimmten **Schlüsseln** (genannt **Metamethoden**) suchen, wenn bestimmte Operationen auf der ursprünglichen Tabelle durchgeführt werden. Die mit diesen Metamethoden-Schlüsseln assoziierten *Werte* sind typischerweise **Funktionen**, die das benutzerdefinierte Verhalten implementieren.

Stell es dir so vor: Deine Datentabelle ist das Objekt selbst. Die Metatabelle ist wie eine Bedienungsanleitung, die an dieses Objekt angehängt ist. Wenn Lua versucht, etwas Ungewöhnliches mit dem Objekt zu tun (wie es zu einem anderen Objekt hinzuzufügen), prüft es die Bedienungsanleitung (Metatabelle) auf eine spezifische Anweisung (Metamethode), wie fortzufahren ist.

Die Funktionen `setmetatable` und `getmetatable`

Lua bietet zwei Hauptfunktionen für die Arbeit mit Metatabellen:

1. `setmetatable(tabelle, metatabelle)`: Diese Funktion hängt die `metatabelle` (die eine Tabelle oder `nil` sein muss) an die `tabelle` an. Sie gibt auch die ursprüngliche `tabelle` zurück, was Verkettungen ermöglicht. Wenn die ursprüngliche Tabelle bereits eine Metatabelle mit einem `__metatable`-Feld hatte, gibt `setmetatable` einen Fehler aus (dies ist ein Schutzmechanismus, der die einfache Modifikation von Metatabellen verhindert, auf die sich andere möglicherweise verlassen).

```lua
local meineDaten = { wert = 10 }
local meineMeta = { spezielle_anweisung = "Vorsichtig behandeln" }

setmetatable(meineDaten, meineMeta)

-- Jetzt hat 'meineDaten' 'meineMeta' zugeordnet.
```

2. `getmetatable(tabelle)`: Diese Funktion gibt die Metatabelle zurück, die der gegebenen `tabelle` zugeordnet ist, oder `nil`, wenn sie keine hat. Wenn die Metatabelle selbst ein `__metatable`-Feld hat, gibt `getmetatable` den Wert dieses Feldes anstelle der tatsächlichen Metatabelle zurück (wieder ein Schutzmechanismus).

```lua
local dieMeta = getmetatable(meineDaten)
if dieMeta then
  print(dieMeta.spezielle_anweisung) -- Ausgabe: Vorsichtig behandeln
else
  print("Keine Metatabelle gefunden.")
end
```

Metamethoden

Die wahre Magie geschieht innerhalb der Metatabelle. Die Schlüssel innerhalb der Metatabelle, die Lua erkennt, werden **Metamethoden** genannt. Diese Namen beginnen immer mit zwei Unterstrichen (`__`). Wenn du eine Operation auf einer Tabelle ausführst, die eine Metatabelle hat, prüft Lua, ob die Metatabelle den entsprechenden Metamethoden-Schlüssel enthält. Wenn ja, ruft Lua die Funktion auf, die mit diesem Schlüssel assoziiert ist (oder verwendet den Wert auf andere Weise, wie wir bei `__index` und `__newindex` sehen werden).

Hier sind einige der wichtigsten Metamethoden:

Operatoren überladen

Dies ermöglicht es dir, die Bedeutung von Standardoperatoren zu ändern, wenn sie auf deine Tabellen angewendet werden.

Arithmetische Metamethoden

Diese werden aufgerufen, wenn arithmetische Operatoren auf Tabellen mit entsprechenden Metamethoden in ihren Metatabellen verwendet werden. Der zugehörige Wert muss eine Funktion sein, die zwei Argumente (die Operanden) entgegennimmt und das Ergebnis zurückgibt.

- `__add(a, b)`: Für den + Operator.
- `__sub(a, b)`: Für den - Operator.
- `__mul(a, b)`: Für den * Operator.
- `__div(a, b)`: Für den / Operator.
- `__mod(a, b)`: Für den % Operator.
- `__pow(a, b)`: Für den ^ Operator.
- `__unm(a)`: Für den unären - Operator (Negation).

Beispiel: Vektoraddition

```
local Vektor = {} -- Fungiert als einfache 'Klasse' oder Prototyp für unsere
Vektoren
Vektor.__index = Vektor -- Das erklären wir gleich, wird für Methodenaufrufe
benötigt

function Vektor:new(x, y)
  local instanz = { x = x, y = y }
  return setmetatable(instanz, Vektor) -- Metatabelle bei Erstellung anhängen
end

-- Die __add Metamethoden-Funktion
function Vektor.__add(vec1, vec2)
  -- Sicherstellen, dass beide Operanden Vektoren sind (oder kompatibel) -
Prüfung hier ausgelassen
  local neuX = vec1.x + vec2.x
```

```
   local neuY = vec1.y + vec2.y
   return Vektor:new(neuX, neuY) -- Einen *neuen* Vektor zurückgeben
end

-- Fügen wir eine Möglichkeit hinzu, Vektoren später schön auszugeben:
__tostring
function Vektor:__tostring()
    return "Vektor(" .. self.x .. ", " .. self.y .. ")"
end

local v1 = Vektor:new(10, 20)
local v2 = Vektor:new(5, 7)

local vSumme = v1 + v2 -- Lua sieht '+', findet v1's Metatabelle, ruft
Vektor.__add(v1, v2) auf

print(vSumme) -- Ausgabe: Vektor(15, 27) (verwendet das __tostring, das wir
später hinzufügen)
```

Relationale Metamethoden

Diese behandeln Vergleichsoperatoren. Im Gegensatz zu arithmetischen Metamethoden benötigt Lua nur Definitionen für Gleichheit (__eq), Kleiner-als (__lt) und Kleiner-gleich (__le). Wenn du a > b versuchst, wandelt Lua es in b < a um (unter Verwendung von __lt). Wenn du a >= b versuchst, wird es zu b <= a (unter Verwendung von __le). Wenn du a ~= b versuchst, wird es zu not (a == b) (unter Verwendung von __eq).

- __eq(a, b): Für den == Operator. Gibt true oder false zurück. Entscheidend: Wenn __eq definiert ist, verwendet Lua *nicht* seinen standardmäßigen Referenzvergleich für Tabellen; es verlässt sich ausschließlich auf deine Funktion.
- __lt(a, b): Für den < Operator. Gibt true oder false zurück.
- __le(a, b): Für den <= Operator. Gibt true oder false zurück.

Beispiel: Einfache Mengen-Gleichheit (prüfen, ob zwei Mengen dieselben Elemente haben)

```
-- (Angenommen, Menge ist eine Tabelle mit Elementen als Schlüssel, Wert = true)
local MengeMeta = {}
function MengeMeta.__eq(menge1, menge2)
   -- 1. Prüfen, ob Größen unterschiedlich sind (mit einem hypothetischen #menge-
Ansatz)
```

```lua
  -- (Wir werden später sehen, wie man # mit __len anpasst)
  local groesse1 = 0; for _ in pairs(menge1) do groesse1 = groesse1 + 1 end
  local groesse2 = 0; for _ in pairs(menge2) do groesse2 = groesse2 + 1 end
  if groesse1 ~= groesse2 then return false end

  -- 2. Prüfen, ob jedes Element in menge1 auch in menge2 ist
  for schluessel, _ in pairs(menge1) do
    if not menge2[schluessel] then -- Wenn Schlüssel aus menge1 nicht in menge2
gefunden wird
      return false
    end
  end
  -- (Technisch gesehen müssen wir wegen gleicher Größen nicht andersherum
prüfen)
  return true
end


local s1 = { apfel = true, banane = true }
setmetatable(s1, MengeMeta)
local s2 = { banane = true, apfel = true }
setmetatable(s2, MengeMeta)
local s3 = { apfel = true, kirsche = true }
setmetatable(s3, MengeMeta)


print(s1 == s2) -- Ausgabe: true (Ruft MengeMeta.__eq auf)
print(s1 == s3) -- Ausgabe: false (Ruft MengeMeta.__eq auf)
print(s1 == { apfel = true, banane = true }) -- Ausgabe: false (Die andere
Tabelle hat keine Metatabelle)
```

Konkatenations-Metamethode

- __concat(a, b): Für den .. (Konkatenations-) Operator. Wird normalerweise
  verwendet, um zu definieren, wie zwei Tabellen (oft Sequenzen) zu einer kombiniert werden.

```lua
local ListenMeta = {}
function ListenMeta.__concat(liste1, liste2)
  local neueListe = {}
  -- Kopiere Elemente aus liste1
  for i=1, #liste1 do neueListe[#neueListe + 1] = liste1[i] end
  -- Kopiere Elemente aus liste2
  for i=1, #liste2 do neueListe[#neueListe + 1] = liste2[i] end
  return setmetatable(neueListe, ListenMeta) -- Gib eine neue Liste zurück
end
```

```
local l1 = { 10, 20 }
setmetatable(l1, ListenMeta)
local l2 = { 30, 40, 50 }
setmetatable(l2, ListenMeta)

local kombiniert = l1 .. l2 -- Ruft ListenMeta.__concat(l1, l2) auf
print(table.concat(kombiniert, ", ")) -- Ausgabe: 10, 20, 30, 40, 50
```

Tabellenzugriff steuern

Dies ist vielleicht die häufigste und mächtigste Verwendung von Metatabellen:
Definieren, was passiert, wenn du versuchst, aus Schlüsseln zu lesen oder in Schlüssel
zu schreiben, die nicht direkt in der Tabelle existieren.

Die `__index`-Metamethode

Wenn du versuchst, auf `tabelle[schluessel]` zuzugreifen und `schluessel` **nicht** in
`tabelle` vorhanden ist, prüft Lua, ob `tabelle` eine Metatabelle mit einem `__index`-
Feld hat.

Es gibt zwei Möglichkeiten für den `__index`-Wert:

1. `__index` **verweist auf eine andere Tabelle:** Wenn `metatabelle.__index` selbst
   eine Tabelle ist, **wiederholt** Lua die Suche nach `schluessel` innerhalb *dieser
   zweiten Tabelle.*

   ```
   local standardwerte = { hintergrund = "blau", schriftgroesse = 12 }
   local benutzerPraefs = { schriftgroesse = 14 }

   -- Sorge dafür, dass benutzerPraefs fehlende Schlüssel in
   'standardwerte' nachschlägt
   setmetatable(benutzerPraefs, { __index = standardwerte })

   print(benutzerPraefs.schriftgroesse) -- Ausgabe: 14 (Direkt in
   benutzerPraefs gefunden)
   print(benutzerPraefs.hintergrund)    -- Ausgabe: blau (Nicht in
   benutzerPraefs, Lua prüft metatabelle.__index)
                                        --          (Es schlägt "hintergrund" in
   der 'standardwerte'-Tabelle nach)
   print(benutzerPraefs.rand)           -- Ausgabe: nil (Nicht in
   benutzerPraefs, nicht in standardwerte)
   ```
```
```

Dies ist der fundamentale Mechanismus zur Implementierung von **Vererbung** und Prototypen in Lua (ein Vorgeschmack auf Kapitel 15). Ein „Objekt" (wie benutzerPraefs) kann Eigenschaften und Methoden von seiner „Klasse" oder seinem „Prototyp" (wie standardwerte) erben.

2. `__index` **verweist auf eine Funktion:** Wenn metatabelle.`__index` eine Funktion ist, ruft Lua diese Funktion mit zwei Argumenten auf: der ursprünglichen Tabelle (tabelle) und dem Schlüssel, auf den zugegriffen wurde (schluessel). Der von dieser Funktion zurückgegebene Wert wird zum Ergebnis des ursprünglichen Zugriffs tabelle[schluessel].

```lua
local datenspeicher = {}
local meta = {}

function meta.__index(tabelle, schluessel)
  print(">> Zugriff auf fehlenden Schlüssel:", schluessel)
  if type(schluessel) == "string" and schluessel:sub(1, 4) == "ber" then
    -- Beispiel: Berechne Wert dynamisch für Schlüssel, die mit "ber"
beginnen
    local zahl = tonumber(schluessel:sub(4)) -- Hole Zahl nach "ber"
    if zahl then return zahl * 10 end
  end
  -- Andernfalls gib einen Standardwert zurück
  return "Standardwert"
end

setmetatable(datenspeicher, meta)

datenspeicher.existierend = 100
print(datenspeicher.existierend) -- Ausgabe: 100 (Direkt gefunden)
print(datenspeicher.fehlend)     -- Ausgabe: >> Zugriff auf fehlenden
Schlüssel: fehlend
                             --              Standardwert
print(datenspeicher.ber5)        -- Ausgabe: >> Zugriff auf fehlenden
Schlüssel: ber5
                             --              50
```

Die Verwendung einer Funktion für `__index` ermöglicht komplexe Logik wie Lazy Loading, berechnete Eigenschaften oder die Bereitstellung dynamischer Standardwerte.

Die __newindex-Metamethode

Wenn du versuchst, einen Wert zuzuweisen `tabelle[schluessel] = wert` und `schluessel` **nicht** bereits in `tabelle` vorhanden ist, prüft Lua, ob `tabelle` eine Metatabelle mit einem __newindex-Feld hat.

Wie bei __index gibt es zwei Möglichkeiten:

1. __newindex **verweist auf eine andere Tabelle**: Wenn `metatabelle.__newindex` eine Tabelle ist, wird die Zuweisung `tabelle[schluessel] = wert` **umgeleitet** und auf *dieser zweiten Tabelle* anstelle der ursprünglichen durchgeführt. Die ursprüngliche `tabelle` bleibt unverändert.

    ```
    local original = { name = "Original" }
    local logTabelle = {} -- Hier speichern wir neue Zuweisungen
    local meta = { __newindex = logTabelle }
    setmetatable(original, meta)

    original.name = "Geändertes Original" -- Schlüssel "name" existiert,
    weist direkt 'original' zu
    original.neuerSchluessel = 123       -- Schlüssel "neuerSchluessel"
    existiert NICHT, verwendet __newindex
                             -- Zuweisung geht stattdessen an
    'logTabelle'

    print(original.name)            -- Ausgabe: Geändertes Original
    print(original.neuerSchluessel) -- Ausgabe: nil (Wurde nicht zu
    'original' hinzugefügt)

    print(logTabelle.neuerSchluessel) -- Ausgabe: 123 (Wurde zu 'logTabelle'
    hinzugefügt)
    ```

2. __newindex **verweist auf eine Funktion**: Wenn `metatabelle.__newindex` eine Funktion ist, ruft Lua diese Funktion mit drei Argumenten auf: der ursprünglichen Tabelle (`tabelle`), dem zugewiesenen Schlüssel (`schluessel`) und dem zugewiesenen Wert (`wert`). Dies ermöglicht dir die vollständige Kontrolle über das Zuweisungsverhalten.

    Beispiel: Schreibgeschützte Tabelle

    ```
    local schreibgeschuetzteDaten = { konfig = "A" }
    local schreibgeschuetzteMeta = {}

    function schreibgeschuetzteMeta.__newindex(tabelle, schluessel, wert)
    ```

```
    error("Versuch, eine schreibgeschützte Tabelle zu ändern! Schlüssel: "
.. schluessel, 2)
    -- 'error' stoppt das Skript. Die '2' sagt error, diese Funktion nicht
selbst zu beschuldigen.
end

function schreibgeschuetzteMeta.__index(tabelle, schluessel)
    -- Erlaube das Lesen existierender Schlüssel
    -- Für dieses einfache Beispiel verwenden wir rawget, um
Endlosschleifen zu vermeiden, falls der Schlüssel nicht vorhanden ist
    return rawget(tabelle, schluessel)
end

setmetatable(schreibgeschuetzteDaten, schreibgeschuetzteMeta)

print(schreibgeschuetzteDaten.konfig) -- Ausgabe: A (Lesen ist über
__index/rawget erlaubt)
-- schreibgeschuetzteDaten.konfig = "B" -- Erlaubt: Ändert existierenden
Schlüssel direkt. __newindex wird NICHT für existierende Schlüssel
aufgerufen.
-- schreibgeschuetzteDaten.neuesFeld = "C" -- FEHLER! Versuch, einen
neuen Schlüssel hinzuzufügen, löst __newindex-Funktion aus -> error(...)
```

(Hinweis: Eine Tabelle wirklich schreibgeschützt zu machen, einschließlich der Verhinderung der Änderung bestehender Schlüssel, ist etwas komplexer und beinhaltet oft eine sorgfältige Kombination von __index *und* __newindex, *möglicherweise unter Verwendung von* rawset *innerhalb von* __newindex, *falls bedingte Schreibvorgänge erlaubt wären).*

Die Verwendung einer Funktion für __newindex ermöglicht Validierung, Protokollierung von Zuweisungen, Umleitung von Schreibvorgängen oder deren vollständige Verhinderung.

Andere nützliche Metamethoden

*   __tostring(a): Wird von der tostring()-Funktion (und oft implizit von print()) aufgerufen, wenn sie auf eine Tabelle mit dieser Metamethode angewendet wird. Ermöglicht dir, eine benutzerdefinierte String-Repräsentation bereitzustellen.

```
local PunktMeta = {
  __tostring = function(p)
    return "Punkt(x=" .. p.x .. ", y=" .. p.y .. ")"
```

```
    end
}
local pt = { x = 10, y = -5 }
setmetatable(pt, PunktMeta)
print(pt) -- Ausgabe: Punkt(x=10, y=-5)
```

- __len(a): Wird aufgerufen, wenn der Längenoperator # auf eine Tabelle mit dieser Metamethode angewendet wird. Lässt dich definieren, was „Länge" für deinen benutzerdefinierten Tabellentyp bedeutet.

```
local MeineMengeMeta = {
  __len = function(menge)
    local anzahl = 0
    for _ in pairs(menge) do anzahl = anzahl + 1 end
    return anzahl
  end
}
local meineMenge = { apfel = true, orange = true }
setmetatable(meineMenge, MeineMengeMeta)
print(#meineMenge) -- Ausgabe: 2 (Ruft MeineMengeMeta.__len auf)
```

- __call(a, ...): Ermöglicht es, eine Tabelle aufzurufen, als wäre sie eine Funktion. Das erste Argument der Metamethoden-Funktion ist die Tabelle selbst, gefolgt von allen Argumenten, die beim Aufruf übergeben wurden.

```
local multiplikatorMeta = {
  __call = function(obj, wert)
    return wert * obj.faktor
  end
}
local verdoppler = { faktor = 2 }
setmetatable(verdoppler, multiplikatorMeta)
local verdreifacher = { faktor = 3 }
setmetatable(verdreifacher, multiplikatorMeta)

print(verdoppler(10)) -- Ausgabe: 20 (Ruft
multiplikatorMeta.__call(verdoppler, 10) auf)
print(verdreifacher(10)) -- Ausgabe: 30 (Ruft
multiplikatorMeta.__call(verdreifacher, 10) auf)
```

Metatabellen in Aktion

Kombinieren wir einige Metamethoden, um einen einfachen Mengen-Datentyp zu erstellen.

```lua
local Menge = {}
Menge.__index = Menge -- Für potentielle zukünftige Methoden

-- Metatabelle für Mengen-Instanzen
local MengeMeta = {
  __index = Menge, -- Erbe Methoden von der 'Menge'-Tabelle

  -- Vereinigung zweier Mengen mit '+'
  __add = function(menge1, menge2)
    local vereinigung = Menge:new() -- Erstelle eine neue leere Menge
    for k in pairs(menge1) do vereinigung:add(k) end
    for k in pairs(menge2) do vereinigung:add(k) end
    return vereinigung
  end,

  -- Schöne String-Repräsentation
  __tostring = function(menge)
    local elemente = {}
    for k in pairs(menge) do elemente[#elemente + 1] = tostring(k) end
    table.sort(elemente) -- Für konsistente Ausgabereihenfolge
    return "{" .. table.concat(elemente, ", ") .. "}"
  end,

  -- Berechne Größe mit '#'
  __len = function(menge)
    local anzahl = 0
    for _ in pairs(menge) do anzahl = anzahl + 1 end
    return anzahl
  end
}

-- Konstruktorfunktion für Mengen
function Menge:new(initialeElemente)
  local instanz = {} -- Die tatsächlichen Mengendaten (Schlüssel sind Elemente)
  setmetatable(instanz, MengeMeta)
  if initialeElemente then
    for _, element in ipairs(initialeElemente) do
      instanz[element] = true -- Speichere Element als Schlüssel
    end
  end
  return instanz
end
```

```
-- Methode zum Hinzufügen eines Elements
function Menge:add(element)
  self[element] = true
end


-- Methode zur Überprüfung der Mitgliedschaft
function Menge:has(element)
  return self[element] == true
end



-- Verwendung
local s1 = Menge:new({ "Apfel", "Banane" })
local s2 = Menge:new({ "Banane", "Orange" })

s1:add("Kirsche")

print("Menge 1:", s1)                       -- Ausgabe: Menge 1: {Apfel,
Banane, Kirsche}
print("Menge 2:", s2)                       -- Ausgabe: Menge 2: {Banane,
Orange}
print("Hat s1 Apfel?", s1:has("Apfel"))     -- Ausgabe: Hat s1 Apfel? true
print("Größe von s1:", #s1)                 -- Ausgabe: Größe von s1: 3

local vereinigungsMenge = s1 + s2           -- Verwendet __add
print("Vereinigung:", vereinigungsMenge)    -- Ausgabe: Vereinigung: {Apfel,
Banane, Kirsche, Orange}
print("Größe der Vereinigung:", #vereinigungsMenge) -- Ausgabe: Größe der
Vereinigung: 4
```

Dieses Beispiel zeigt, wie Metamethoden (__add, __tostring, __len) kombiniert mit regulären Funktionen, die über __index angehängt werden (wie Menge:new, Menge:add, Menge:has), es uns ermöglichen, einen benutzerdefinierten Datentyp mit eigenem Verhalten unter Verwendung von Standard-Lua-Tabellen zu erstellen.

Kapitelzusammenfassung

Metatabellen sind Luas Mechanismus zur Bereitstellung benutzerdefinierten Verhaltens für Tabellen (und Userdata). Sie sind selbst nur Tabellen, die spezielle Schlüssel namens Metamethoden enthalten (wie __add, __index, __newindex, __tostring, __len, __call, etc.). Indem du eine Metatabelle für eine Tabelle mit setmetatable setzt, kannst du Operationen wie Arithmetik, Vergleiche, Konkatenation, Tabellenindizierung (Lesen und Schreiben fehlender Schlüssel), Längenberechnung, String-Konvertierung und sogar Funktionsaufrufe abfangen und deine eigene Logik über die zugehörigen Metamethoden-Funktionen definieren. Dieses mächtige Feature ermöglicht Operatorüberladung, Vererbungsmuster (mit __index), Datenvalidierung, Standardwerte, schreibgeschützte Tabellen und die Erstellung reichhaltiger, objektähnlicher Strukturen innerhalb von Luas fundamental einfachem Framework.

Du hast nun ein tiefes Verständnis von Luas Kerndatenstruktur, der Tabelle, und wie man ihr Verhalten mit Metatabellen anpasst. Als Nächstes werden wir unseren Fokus wieder auf einen anderen fundamentalen Datentyp richten: Strings, und Luas eingebaute Bibliothek für mächtige Textmanipulation und Mustererkennung erkunden.

8

Text meistern

Text ist in der digitalen Welt allgegenwärtig. Von Benutzeroberflächen und Konfigurationsdateien bis hin zu Protokollnachrichten und Datenaustauschformaten ist die Manipulation von Zeichenketten – **Strings** – eine grundlegende Programmieraufgabe. In Kapitel 2 hast du die Grundlagen der Erstellung von String-Werten gelernt. Jetzt werden wir uns in Luas eingebaute `string` **Bibliothek** vertiefen, ein umfassendes Toolkit voller Funktionen zum Suchen, Extrahieren, Ersetzen, Formatieren und Analysieren von Text. Das Meistern dieser Werkzeuge ermöglicht es dir, Textdaten effektiv und effizient in deinen Lua-Programmen zu handhaben.

Strings erneut betrachtet

Bevor wir uns in die Bibliothek stürzen, lassen uns kurz einige Schlüsselaspekte von Lua-Strings wiederholen:

- **Literale:** Du erstellst String-Konstanten (Literale) entweder mit einfachen (`'...'`) oder doppelten Anführungszeichen (`"..."`). Sie sind äquivalent und geben dir die Flexibilität, einen Typ von Anführungszeichen innerhalb eines Strings zu verwenden, der durch den anderen Typ begrenzt ist, ohne spezielle Escape-Zeichen zu benötigen.

  ```
  local einfach = 'Enthält "doppelte" Anführungszeichen.'
  local doppelt = "Enthält 'einfache' Anführungszeichen."
  ```

- **Lange Strings:** Für Strings, die sich über mehrere Zeilen erstrecken oder viele Anführungszeichen enthalten, ohne dass Escapes erforderlich sind, verwende lange Klammern [[...]]. Du kannst Gleichheitszeichen zwischen die Klammern einfügen ([=[...]=], [===[...]===]), damit der String selbst]]-Sequenzen enthalten kann.

```lua
local html = [[
<html>
  <head><title>Meine Seite</title></head>
  <body>Hallo, Welt!</body>
</html>
]]
```

- **Escape-Sequenzen:** Innerhalb von einfach oder doppelt angeführten Strings fungiert der Backslash (\) als Escape-Zeichen, mit dem du Sonderzeichen einfügen kannst:

  - \n: Neue Zeile
  - \t: Horizontaler Tabulator
  - \\: Backslash selbst
  - \": Doppeltes Anführungszeichen
  - \': Einfaches Anführungszeichen
  - \ddd: Zeichen mit Dezimalcode ddd (z. B. \65 ist 'A')
  - \xHH: Zeichen mit Hexadezimalcode HH (z. B. \x41 ist 'A')
  - \z: Überspringt nachfolgenden Whitespace (Lua 5.3+) - nützlich zur Formatierung langer Strings.

```lua
local formatiert = "Zeile 1\n\tEingerückte Zeile 2\nPfad: C:\\Temp"
print(formatiert)
-- Ausgabe:
-- Zeile 1
--          Eingerückte Zeile 2
-- Pfad: C:\Temp
```

- **Unveränderlichkeit (Immutability):** Das ist entscheidend! Sobald ein String in Lua erstellt wurde, kann sein Inhalt **nicht mehr geändert** werden. Funktionen, die einen String zu modifizieren scheinen, wie das Ersetzen eines Zeichens oder die Konkatenation, erstellen und geben tatsächlich einen *neuen* String zurück, wobei das Original unangetastet bleibt.

```lua
local original = "Hallo"
```

```
local gross = string.upper(original) -- Erstellt einen NEUEN String

print(original) -- Ausgabe: Hallo (Original ist unverändert)
print(gross)    -- Ausgabe: HALLO
```

Die `string` Bibliothek

Die meisten String-Manipulationsfunktionen sind bequem in der eingebauten string-Tabelle zusammengefasst. Um sie zu verwenden, stellst du dem Funktionsnamen normalerweise `string.` voran.

```
local text = "Lua ist nett!"
local laenge = string.len(text) -- Rufe die 'len'-Funktion aus der 'string'-
Bibliothek auf
print(laenge) -- Ausgabe: 13
```

Einige Funktionen wie `tostring` und `type` sind global, und Operatoren wie `#` (Länge) und `..` (Konkatenation) funktionieren ebenfalls direkt mit Strings.

Grundlegende String-Operationen

Beginnen wir mit einigen fundamentalen Manipulationen.

Länge finden

Wie zuvor gesehen, kannst du die Anzahl der *Bytes* in einem String s entweder mit der Funktion `string.len()` oder dem Längenoperator `#` ermitteln. Bei einfachen ASCII-Strings entsprechen Bytes den Zeichen.

```
local name = "Lua"
print(string.len(name)) -- Ausgabe: 3
print(#name)            -- Ausgabe: 3 (Wird normalerweise wegen Kürze bevorzugt)
```

(Erinnere dich an die utf8-Bibliothek aus Kapitel 12 für die korrekte Zeichenzählung in UTF-8-kodierten Strings).

Strings wiederholen

Erstellt einen neuen String, indem der String s genau n-mal wiederholt wird. Ein optionaler Trennstring sep (Lua 5.3+) kann zwischen den Wiederholungen platziert werden.

```lua
local linie = string.rep("-", 20) -- Wiederhole '-' 20 Mal
print(linie) -- Ausgabe: --------------------

local muster = string.rep("xo", 5)
print(muster) -- Ausgabe: xoxoxoxoxo

local woerter = string.rep("hi", 3, ", ") -- Lua 5.3+
print(woerter) -- Ausgabe: hi, hi, hi
```

Groß-/Kleinschreibung ändern

Diese Funktionen geben einen *neuen* String zurück, bei dem alle Großbuchstaben in Kleinbuchstaben (string.lower) bzw. alle Kleinbuchstaben in Großbuchstaben (string.upper) umgewandelt wurden. Nicht-alphabetische Zeichen bleiben unberührt.

```lua
local gemischteSchreibung = "Hallo Welt"
local kleinSchreibung = string.lower(gemischteSchreibung)
local grossSchreibung = string.upper(gemischteSchreibung)

print(kleinSchreibung) -- Ausgabe: hallo welt
print(grossSchreibung) -- Ausgabe: HALLO WELT
```

Teilstrings extrahieren

Diese Funktion extrahiert und gibt einen Teil (Substring) des Strings s zurück.

- i: Die Startposition (1-basierter Index).
- j (Optional): Die Endposition (einschließlich). Wenn weggelassen, wird standardmäßig -1 verwendet, was „bis zum Ende des Strings" bedeutet.

Negative Indizes zählen vom *Ende* des Strings: -1 ist das letzte Zeichen, -2 das vorletzte usw.

```lua
local text = "Programmieren in Lua"
```

```
local teil1 = string.sub(text, 1, 12) -- Zeichen 1 bis 12
print(teil1) -- Ausgabe: Programmieren

local teil2 = string.sub(text, 17) -- Zeichen 17 bis zum Ende
print(teil2) -- Ausgabe: Lua

local teil3 = string.sub(text, -3) -- Letzte 3 Zeichen
print(teil3) -- Ausgabe: Lua

local teil4 = string.sub(text, 1, -4) -- Zeichen 1 bis zum 4. von hinten
print(teil4) -- Ausgabe: Programmieren in
```

Wenn i größer als j ist oder wenn die Indizes auf eine Weise außerhalb der Grenzen liegen, die einen leeren Bereich definiert, gibt `string.sub` einen leeren String `""` zurück.

Strings umkehren

Gibt einen neuen String zurück, bei dem die Reihenfolge der Zeichen (Bytes) in s umgekehrt ist.

```
local vorwaerts = "Lagertonnen"
local rueckwaerts = string.reverse(vorwaerts)
print(rueckwaerts) -- Ausgabe: nennotregaL
```

Text finden und ersetzen

Diese Funktionen ermöglichen es dir, nach Mustern in Strings zu suchen und sie zu ersetzen.

Substrings finden

Sucht nach dem ersten Vorkommen von muster im String s.

- s: Der String, in dem gesucht werden soll.
- muster: Der String (oder das Lua-Muster, siehe später), nach dem gesucht werden soll.
- init (Optional): Die Position in s, an der die Suche beginnen soll (Standard ist 1). Kann negativ sein.

- plain (Optional): Wenn true, wird eine reine Substring-Suche durchgeführt, wodurch die Mustererkennungsfunktionen von Lua für das muster deaktiviert werden. Standard ist false.

Rückgabewerte:

- Wenn das Muster gefunden wird, gibt es den **Startindex** und den **Endindex** des ersten Treffers zurück.
- Wenn das Muster nicht gefunden wird, gibt es nil zurück.

```lua
local text = "Der schnelle braune Fuchs springt über den faulen Hund."

local startIdx, endIdx = string.find(text, "Fuchs")
if startIdx then
  print("'Fuchs' gefunden von Index " .. startIdx .. " bis " .. endIdx)
  -- Ausgabe: 'Fuchs' gefunden von Index 20 bis 24
else
  print("'Fuchs' nicht gefunden.")
end

local startDer, endDer = string.find(text, "der", 1, true) -- Reine Suche
print("'der' gefunden (rein):", startDer) -- Ausgabe: 'der' gefunden (rein): 37

local startDerMuster, endDerMuster = string.find(text, "der") -- Mustersuche
print("'der' gefunden (Muster):", startDerMuster) -- Ausgabe: 'der' gefunden
(Muster): 37
-- (In diesem einfachen Fall sind rein und Muster gleich)

local startDerWieder, endDerWieder = string.find(text, "der", 40) -- Suche ab
Index 40
print("'der' nach 35 gefunden:", startDerWieder) -- Ausgabe: 'der' nach 35
gefunden: nil

local fehlend = string.find(text, "Katze")
print("'Katze' gefunden:", fehlend) -- Ausgabe: 'Katze' gefunden: nil
```

Substrings ersetzen

Führt eine globale **Sub**stitution durch und gibt einen *neuen* String zurück, bei dem Vorkommen von muster in s durch ersatz ersetzt wurden. Es gibt auch die Gesamtzahl der vorgenommenen Ersetzungen zurück.

- s: Der ursprüngliche String.
- muster: Der String oder das Lua-Muster, nach dem gesucht werden soll.
- ersatz: Womit das Muster ersetzt werden soll. Dies kann sein:

- Ein **String**: Ersetzt den übereinstimmenden Text. Kann Capture-Referenzen wie %1, %2 enthalten (siehe Muster später), um Teile des übereinstimmenden Textes einzufügen. %0 bezieht sich auf den gesamten Treffer. %% fügt ein literales % ein.
- Eine **Tabelle**: Der übereinstimmende Text wird als Schlüssel verwendet, um den Ersatzwert in dieser Tabelle nachzuschlagen.
- Eine **Funktion**: Diese Funktion wird für jeden Treffer aufgerufen, wobei der übereinstimmende Text (und alle Captures) als Argumente übergeben werden. Der von der Funktion zurückgegebene Wert wird als Ersatz verwendet.
- n (Optional): Begrenzt die maximale Anzahl der durchzuführenden Ersetzungen. Wenn weggelassen, werden alle Vorkommen ersetzt.

```
local text = "Hallo Welt, hallo Lua!"

-- Einfache String-Ersetzung
local neuerText1, anzahl1 = string.gsub(text, "hallo", "Auf Wiedersehen") --
Groß-/Kleinschreibung beachten
print(neuerText1, anzahl1) -- Ausgabe: Hallo Welt, Auf Wiedersehen Lua!        1

local neuerText2, anzahl2 = string.gsub(string.lower(text), "hallo", "Auf
Wiedersehen")
print(neuerText2, anzahl2) -- Ausgabe: auf wiedersehen welt, auf wiedersehen
lua!    2

-- Verwendung von Captures (%1 bezieht sich auf die erste erfasste Gruppe 'Welt'
oder 'Lua')
local neuerText3, anzahl3 = string.gsub(text, "(Welt|Lua)", "%1!")
print(neuerText3, anzahl3) -- Ausgabe: Hallo Welt!, hallo Lua!!        2

-- Verwendung einer Ersetzungstabelle
local ersetzungen = { apfel = "orange", banane = "traube" }
local fruchtText = "Ich mag apfel und banane."
local neueFrucht, anzahl4 = string.gsub(fruchtText, "%a+", ersetzungen) -- %a+
passt auf Wörter
print(neueFrucht, anzahl4) -- Ausgabe: Ich mag orange und traube.        2

-- Verwendung einer Ersetzungsfunktion (konvertiere gefundene Zahlen in Hex)
local daten = "Werte: 10, 255, 128"
local function dezZuHex(treffer)
  return string.format("0x%X", tonumber(treffer))
end
local hexDaten, anzahl5 = string.gsub(daten, "%d+", dezZuHex) -- %d+ passt auf
Zahlen
print(hexDaten, anzahl5) -- Ausgabe: Werte: 0xA, 0xFF, 0x80        3
```

```
-- Ersetzungen begrenzen
local begrenzterText, anzahl6 = string.gsub(text, "l", "*", 3) -- Ersetze nur
die ersten 3 'l's
print(begrenzterText, anzahl6) -- Ausgabe: Ha**o We*t, hallo Lua!    3
```

string.gsub ist aufgrund seiner leistungsstarken ersatz-Optionen unglaublich vielseitig.

Strings für die Ausgabe formatieren

Oft musst du Strings mit eingebetteten Variablen in einem bestimmten Format konstruieren (z. B. Zahlen ausrichten, Dezimalstellen festlegen). string.format ist Luas Werkzeug dafür, inspiriert von der printf-Funktion in C.

string.format(formatstring, ...) nimmt einen **Formatstring** und eine variable Anzahl zusätzlicher Argumente entgegen. Der Formatstring enthält literalen Text gemischt mit **Formatierungsbezeichnern** (beginnend mit %). Jeder Bezeichner entspricht einem der zusätzlichen Argumente und definiert, wie dieses Argument in Text umgewandelt und eingefügt werden soll.

Gängige Formatierungsbezeichner:

- %s: String-Argument.
- %d: Integer-Argument (dezimal).
- %f: Gleitkomma-Argument (Standard-Dezimalnotation).
- %e, %E: Gleitkomma-Argument (wissenschaftliche Notation).
- %g, %G: Gleitkomma-Argument (verwendet die kürzere von %f oder %e).
- %c: Integer-Argument, umgewandelt in das entsprechende Zeichenbyte.
- %q: String-Argument, formatiert als sicher zitierter Lua-String-Literal (nützlich für Debugging oder Codegenerierung).
- %%: Ein literales Prozentzeichen (%).

Du kannst Modifikatoren zwischen dem % und dem Buchstaben für Breite, Ausrichtung, Präzision usw. hinzufügen:

- -: Linksbündig innerhalb der angegebenen Breite ausrichten.
- Breite: Minimale Feldbreite (füllt mit Leerzeichen auf).
- .Präzision: Bei Floats die Anzahl der Ziffern nach dem Dezimalpunkt; bei Strings die maximale Länge.

```
local name = "Alice"
local punktestand = 12345
local durchschnitt = 88.7512
local gegenstand = "Trank"

local s1 = string.format("Spieler: %s, Punktestand: %d", name, punktestand)
print(s1) -- Ausgabe: Spieler: Alice, Punktestand: 12345

-- Zahlen formatieren
local s2 = string.format("Punktestand: %06d", punktestand) -- Mit führenden
Nullen auf Breite 6 auffüllen
print(s2) -- Ausgabe: Punktestand: 012345

local s3 = string.format("Durchschnitt: %.2f", durchschnitt) -- 2 Dezimalstellen
print(s3) -- Ausgabe: Durchschnitt: 88.75

local s4 = string.format("Durchschnitt (Breite 10): %10.2f", durchschnitt) --
Breite 10, rechtsbündig
print(s4) -- Ausgabe: Durchschnitt (Breite 10):      88.75

local s5 = string.format("Durchschnitt (Breite 10, links): %-10.2f",
durchschnitt) -- Breite 10, linksbündig
print(s5) -- Ausgabe: Durchschnitt (Breite 10, links): 88.75

-- Einen String sicher zitieren
local s6 = string.format("Gegenstandsname: %q", "Ein 'zitierter' String\nmit
Zeilenumbruch")
print(s6) -- Ausgabe: Gegenstandsname: "Ein 'zitierter' String\nmit
Zeilenumbruch"

local s7 = string.format("Prozentsatz: 50%%") -- Literales %
print(s7) -- Ausgabe: Prozentsatz: 50%
```

string.format ist unerlässlich für die Erstellung gut formatierter Ausgaben für Benutzer oder Protokolle.

Mit einzelnen Zeichen arbeiten

Manchmal musst du dich mit den zugrunde liegenden numerischen Codes von Zeichen befassen.

Zeichencodes erhalten

Gibt die internen numerischen Codes (normalerweise ASCII- oder Bytewerte in UTF-8) der Zeichen im String s zurück.

- i (Optional): Startposition (Standard ist 1).
- j (Optional): Endposition (Standard ist i).

Es gibt eine Zahl pro angefordertem Zeichen zurück.

```
local code_H = string.byte("Hallo", 1) -- Code des ersten Zeichens 'H'
print(code_H) -- Ausgabe: 72 (ASCII-Code für 'H')

local code_a, code_l, code_l = string.byte("Hallo", 2, 4) -- Codes für 'a', 'l',
'l'
print(code_a, code_l) -- Ausgabe: 97   108 (gibt hier nur die ersten beiden
zurückgegebenen Werte aus)
print(string.byte("Hallo", -1)) -- Code des letzten Zeichens 'o'
-- Ausgabe: 111
```

Strings aus Codes erstellen

Macht das Gegenteil von string.byte. Nimmt null oder mehr Integer-Argumente entgegen und gibt einen neuen String zurück, der aus den Zeichen besteht, die diesen numerischen Codes entsprechen.

```
local str = string.char(72, 97, 108, 108, 111) -- Codes für H, a, l, l, o
print(str) -- Ausgabe: Hallo

local abc = string.char(string.byte("A"), string.byte("B"), string.byte("C"))
print(abc) -- Ausgabe: ABC
```

Mächtige Mustererkennung

Dies ist einer der leistungsfähigsten Teile der Lua-String-Bibliothek. Lua bietet sein eigenes **Mustererkennungssystem** (Pattern Matching), das konzeptionell regulären Ausdrücken (Regex), wie sie in anderen Sprachen vorkommen, ähnelt, aber eine einfachere Syntax und leicht unterschiedliche Funktionen aufweist. Muster ermöglichen es dir, Zeichenfolgen flexibel zu beschreiben und gehen weit über die einfache Substring-Suche hinaus.

Luas Muster vs. Reguläre Ausdrücke

- **Einfachere Syntax**: Lua-Muster sind im Allgemeinen weniger komplex als vollständige Regex (z. B. kein expliziter ODER-Operator | innerhalb von Gruppen, einfachere Quantifizierer).
- **Fokus auf Text**: Hauptsächlich für Textmanipulation konzipiert, nicht unbedingt für komplexe Validierung.
- **Integriert**: Direkt in die Funktionen der String-Bibliothek integriert (find, gsub, match, gmatch).

Mustersyntax verstehen

Muster sind Strings, die Sonderzeichen und Sequenzen enthalten:

- **Zeichenklassen**: Repräsentieren Mengen von Zeichen:

  - %a: Buchstaben (alphabetisch)
  - %d: Ziffern (numerisch)
  - %s: Leerzeichenzeichen (Leerzeichen, Tab, Zeilenumbruch usw.)
  - %w: Alphanumerische Zeichen (%a + %d)
  - %l: Kleinbuchstaben
  - %u: Großbuchstaben
  - %p: Satzzeichen
  - %c: Steuerzeichen
  - %x: Hexadezimalziffern
  - . (Punkt): Passt auf *jedes* einzelne Zeichen.
  - [set]: Passt auf jedes Zeichen innerhalb des set (z. B. [aeiou] passt auf einen Vokal, [0-9] passt auf eine Ziffer, [a-zA-Z] passt auf jeden Buchstaben). Bereiche sind erlaubt.
  - [^set]: Passt auf jedes Zeichen, das *nicht* innerhalb des set liegt (z. B. [^%s] passt auf jedes Nicht-Leerzeichen-Zeichen).
  - Du kannst %a, %d usw. innerhalb von [] verwenden (z. B. [%w_] passt auf alphanumerische Zeichen oder Unterstrich).

- **Anker**: Passen auf Positionen, nicht auf Zeichen:

  - ^: Passt auf den Anfang des Subjekt-Strings (oder der Zeile im Mehrzeilenmodus, was nicht Standard ist).
  - $: Passt auf das Ende des Subjekt-Strings (oder der Zeile).

- **Quantifizierer (Wiederholung)**: Geben an, wie oft das vorhergehende Element vorkommen kann:

- ⋆: Passt auf 0 oder mehr Vorkommen (gierig - passt auf so viele wie möglich).
- +: Passt auf 1 oder mehr Vorkommen (gierig).
- −: Passt auf 0 oder mehr Vorkommen (nicht-gierig/lazy - passt auf so wenige wie möglich). *Dies ist ein Hauptunterschied zu Regex, wo ⋆? lazy ist.*
- ?: Passt auf 0 oder 1 Vorkommen.

- **Captures (Erfassungen):** Klammern () erstellen Erfassungsgruppen. Der Text, der vom Muster innerhalb der Klammern gefunden wird, wird „erfasst" und kann später abgerufen werden (durch `string.match`, `string.gmatch` oder im Ersatzstring von `string.gsub` mit %1, %2 usw. referenziert).

- **Magische Zeichen & Escaping:** Die Zeichen ( ) . % + - ⋆ ? [ ] ^ $ haben spezielle Bedeutungen innerhalb von Mustern. Um eines dieser Zeichen literal zu finden, musst du es mit einem Prozentzeichen % escapen (z. B. %. passt auf einen literalen Punkt, %% passt auf ein literales Prozentzeichen).

- **Spezielle Muster:**

  - %bxy: Passt auf ein „ausgeglichenes" Paar von Zeichen x und y. Nützlich zum Finden von Inhalt innerhalb von Klammern, eckigen Klammern usw. Z. B. passt %b() von einer öffnenden Klammer bis zu ihrer entsprechenden schließenden Klammer.

Muster effektiv verwenden

- `string.match(s, muster, [init])`: Sucht nach dem *ersten* Treffer von `muster` in s (beginnend bei `init`).

  - Wenn das Muster **keine Captures** hat, gibt es den gesamten übereinstimmenden Substring zurück.
  - Wenn das Muster **Captures** hat, gibt es die erfassten Substrings als separate String-Werte zurück.
  - Wenn kein Treffer gefunden wird, gibt es `nil` zurück.

```
local text = "Name: Alice, Alter: 30, Stadt: London"

-- Keine Captures: finde die erste Zahl
local ersteZahl = string.match(text, "%d+")
print(ersteZahl) -- Ausgabe: 30

-- Mit Captures: extrahiere Name und Alter
```

```
local name, alter = string.match(text, "Name: (%a+), Alter: (%d+)")
print("Name:", name, "Alter:", alter) -- Ausgabe: Name: Alice   Alter:
30

-- Erfasse Inhalt innerhalb von Klammern
local daten = "Prozess(Status=OK, ID=123)"
local inhalt = string.match(daten, "%b()") -- Passt auf '()' und erfasst
inneren Inhalt
print(inhalt) -- Ausgabe: (Status=OK, ID=123)
```

- `string.gmatch(s, muster)`: Gibt eine **Iteratorfunktion** zurück, die bei jedem Aufruf (typischerweise in einer generischen `for`-Schleife) den *nächsten* Treffer von `muster` in `s` findet.

  - Wenn das Muster **keine Captures** hat, liefert der Iterator bei jeder Iteration den gesamten übereinstimmenden Substring.
  - Wenn das Muster **Captures** hat, liefert der Iterator bei jeder Iteration die erfassten Substrings als separate Werte.

```
local text = "Elemente: Apfel 10, Banane 5, Kirsche 20"

-- Iteriere über alle Wörter
print("Wörter:")
for wort in string.gmatch(text, "%a+") do
  print(" ", wort)
end

-- Iteriere über Elementnamen und Mengen (Captures)
print("\nElemente und Mengen:")
for element, menge in string.gmatch(text, "(%a+) (%d+)") do
  print(" Element:", element, "Menge:", menge)
end
```

Ausgabe:

```
Wörter:
  Elemente
  Apfel
  Banane
  Kirsche

Elemente und Mengen:
  Element: Apfel     Menge: 10
  Element: Banane    Menge: 5
```

Lua-Muster sind ein mächtiges Werkzeug für die Textverarbeitung. Das Experimentieren damit (`string.match` eignet sich hervorragend zum Testen) ist der beste Weg, um kompetent zu werden.

Kapitelzusammenfassung

In diesem Kapitel hast du Luas umfassende `string`-Bibliothek erkundet. Wir haben String-Grundlagen wie Literale und Unveränderlichkeit wiederholt. Du hast wesentliche Funktionen zum Finden der Länge (`string.len`, `#`), Wiederholen (`string.rep`), Ändern der Groß-/Kleinschreibung (`string.lower`, `string.upper`), Extrahieren von Substrings (`string.sub`) und Umkehren (`string.reverse`) gelernt. Wir haben die Suche mit `string.find` und das vielseitige `string.gsub` für Ersetzungen mit Strings, Tabellen oder Funktionen behandelt. Du hast gesehen, wie `string.format` präzise formatierte Strings mithilfe von Bezeichnern erstellt. Wir haben die Konvertierung zwischen Zeichen und ihren Byte-Codes mit `string.byte` und `string.char` angesprochen. Schließlich wurdest du in Luas mächtiges Mustererkennungssystem eingeführt, hast seine Syntax verstanden (Zeichenklassen, Quantifizierer, Anker, Captures, Escapes) und gelernt, wie man es effektiv mit `string.match` (für den ersten Treffer/Captures) und `string.gmatch` (zum Iterieren über alle Treffer/Captures) verwendet.

Das Arbeiten mit Strings und externen Daten beinhaltet oft Situationen, in denen die Dinge nicht wie geplant verlaufen – ungültige Eingaben, nicht gefundene Dateien, Netzwerkfehler. Zu wissen, wie man diese Situationen vorausschauend und elegant handhabt, ist entscheidend für robuste Programme. Im nächsten Kapitel lernen wir Luas Mechanismen zur Fehlerbehandlung kennen.

9

Das Unerwartete handhaben

Bisher haben wir Lua-Code geschrieben und dabei angenommen, dass alles nach Plan verläuft. Zahlen addieren sich, Strings werden verkettet, Tabellen werden korrekt indiziert. Aber die reale Welt ist chaotisch! Benutzer könnten ungültige Daten eingeben, Dateien könnten fehlen, Netzwerkverbindungen könnten abbrechen, oder wir könnten einfach einen logischen Fehler in unserem Code machen (wie durch Null teilen oder versuchen, auf einen Teil einer Tabelle zuzugreifen, der nicht existiert, wie in Kapitel 3 und 6 besprochen). Wenn diese unerwarteten Dinge passieren, erzeugt Lua einen **Fehler**. Standardmäßig stoppt ein Fehler abrupt die Ausführung deines Skripts und gibt eine Fehlermeldung aus. Obwohl dies dir sagt, dass *etwas* schiefgegangen ist, ist es oft nicht das benutzerfreundliche oder robuste Verhalten, das du wünschst. Dieses Kapitel untersucht, wie Lua Fehler handhabt und, was wichtiger ist, wie *du* sie elegant mit Werkzeugen wie `pcall`, `xpcall`, `error` und `assert` handhaben kannst, um deine Programme zuverlässiger und widerstandsfähiger zu machen.

Wenn Dinge schiefgehen

Fehler in der Programmierung fallen im Allgemeinen in einige Kategorien:

1. **Syntaxfehler:** Dies sind Fehler in der Art und Weise, wie du den Code selbst geschrieben hast – wie Tippfehler in Schlüsselwörtern (`funtion` statt `function`), fehlende `end`-Anweisungen oder falsche Operatorverwendung. Lua fängt diese ab, *bevor* dein Skript überhaupt zu laufen beginnt, normalerweise wenn es zum ersten Mal versucht, den Code zu laden oder zu kompilieren. Du musst diese Syntaxfehler beheben, bevor das Programm überhaupt laufen kann.

```
-- Syntaxfehler-Beispiel (fehlendes 'end')
local function gruessen(name)
  print("Hallo, " .. name)
-- oops! 'end' hier vergessen

-- Lua meldet wahrscheinlich einen Fehler wie:
-- datei.lua:X: 'end' erwartet (um 'function' in Zeile Y zu schließen)
nahe <eof>
```

2. **Laufzeitfehler:** Diese Fehler treten auf, *während* das Programm läuft. Sie passieren, wenn der Code syntaktisch korrekt ist, aber eine Operation nicht legal durchgeführt werden kann. Beispiele sind:

   - Versuch, Arithmetik mit einem nicht-numerischen Wert durchzuführen (z. B. `10 + "hallo"`).
   - Versuch, einen Wert aufzurufen, der keine Funktion ist (z. B. `local x = 10; x()`).
   - Versuch, ein Feld in einem `nil`-Wert zu indizieren (z. B. `local t = nil; print(t.feld)`).
   - Explizites Aufrufen von `error()` (siehe später).

   Dies sind die Fehler, auf deren programmatische Handhabung wir uns hauptsächlich konzentrieren, da sie oft von externen Faktoren oder unvorhersehbaren Programmzuständen abhängen.

3. **Logische Fehler:** Diese sind oft die kniffligsten. Das Programm läuft ohne Absturz (keine Syntax- oder Laufzeitfehler), aber es produziert nicht das *korrekte* Ergebnis, weil die von dir geschriebene Logik fehlerhaft ist. Zum Beispiel die Verwendung von < statt > in einem Vergleich, die falsche Berechnung eines Wertes oder das Vergessen, eine Variable in einer Schleife zu aktualisieren. Fehlerbehandlungsmechanismen fangen logische Fehler normalerweise nicht direkt ab; diese erfordern sorgfältiges Debugging, Testen (Kapitel 17) und Nachdenken über die Logik deines Codes.

Dieses Kapitel konzentriert sich hauptsächlich auf das Erkennen und Verwalten von **Laufzeitfehlern**.

Fehler abfangen

Was ist, wenn du erwartest, dass ein Codeabschnitt einen Laufzeitfehler verursachen *könnte*, du aber nicht möchtest, dass er dein gesamtes Programm zum Absturz bringt? Zum Beispiel rufst du eine Funktion aus einem Drittanbieter-Modul auf, die potenziell fehlschlagen könnte, oder du führst eine Berechnung basierend auf Benutzereingaben durch, die ungültig sein könnten. Lua bietet pcall (protected call - geschützter Aufruf) genau für dieses Szenario.

Die pcall(func, arg1, ...) Funktion

pcall führt eine gegebene Funktion (func) im **geschützten Modus** aus. Das bedeutet, wenn *während der Ausführung von* func ein Laufzeitfehler auftritt, fängt pcall den Fehler ab und verhindert, dass er das Hauptskript stoppt.

- func: Die Funktion, die du sicher aufrufen möchtest.
- arg1, ...: Alle Argumente, die du an func übergeben möchtest.

Rückgabewerte: pcall gibt immer mindestens einen Wert zurück: einen Boolean, der Erfolg oder Misserfolg anzeigt.

- **Bei Erfolg:** pcall gibt true zurück, gefolgt von allen Werten, die von func zurückgegeben wurden.
- **Bei Misserfolg:** pcall gibt false zurück, gefolgt vom Fehlerobjekt (normalerweise die Fehlermeldungs-Zeichenkette).

```
-- Eine Funktion, die einen Fehler verursachen könnte
function riskanteDivision(a, b)
  if b == 0 then
    error("Division durch Null!") -- Explizit einen Fehler auslösen
  end
  return a / b
end


-- --- Erfolgsfall ---
local status, ergebnis = pcall(riskanteDivision, 10, 2)

if status then
  print("Erfolg! Ergebnis:", ergebnis)
else
```

```lua
  print("Fehlschlag! Fehler:", ergebnis) -- Hinweis: 'ergebnis' enthält hier die
Fehlermeldung
end
-- Ausgabe: Erfolg! Ergebnis: 5.0


-- --- Fehlerfall ---
local status2, fehlerMeldung = pcall(riskanteDivision, 10, 0)

if status2 then
  print("Erfolg! Ergebnis:", fehlerMeldung)
else
  print("Fehlschlag! Fehler:", fehlerMeldung)
end
-- Ausgabe: Fehlschlag! Fehler: ...datei.lua:4: Division durch Null!
-- (Fehlermeldung enthält Datei und Zeilennummer, wo 'error' aufgerufen wurde)


-- --- Weiterer Fehlerfall (Indizierung von nil) ---
local function greifeAufNilZu()
    local daten = nil
    return daten.feld -- Dies verursacht einen Laufzeitfehler
end

local status3, fehlerMeldung3 = pcall(greifeAufNilZu)
if not status3 then
    print("Fehler abgefangen:", fehlerMeldung3)
    -- Ausgabe: Fehler abgefangen: ...datei.lua:X: attempt to index a nil value
(local 'daten')
end
```

pcall ist dein bevorzugtes Werkzeug für die Handhabung von Operationen, die außerhalb deiner direkten Kontrolle liegen oder bekanntermaßen potenziell problematisch sind (wie die Interaktion mit externen Systemen, die Verarbeitung potenziell fehlerhafter Eingaben usw.).

Die xpcall(func, errhandler) Funktion

xpcall ähnelt pcall, bietet aber eine zusätzliche Fähigkeit: Du kannst deine eigene **Fehlerbehandlungsfunktion** angeben. Wenn während der Ausführung von func ein Fehler auftritt, ruft Lua errhandler auf, *bevor* der Ausführungsstack abgewickelt wird, und übergibt ihm das ursprüngliche Fehlerobjekt. Der von errhandler zurückgegebene Wert wird dann zum zweiten Rückgabewert von xpcall (nach false).

- func: Die im geschützten Modus aufzurufende Funktion.

- `errhandler`: Die Funktion, die aufgerufen werden soll, wenn innerhalb von func ein Fehler auftritt.

Dies ist nützlich, wenn du benutzerdefinierte Protokollierung durchführen, der Fehlermeldung mehr Kontext hinzufügen oder den Programmzustand (z. B. mit der debug-Bibliothek) genau dann untersuchen möchtest, wenn der Fehler auftritt.

```lua
function funktionDieFehlschlaegt()
  error("Etwas ist intern schiefgelaufen!")
end

function meinFehlerhandler(originalFehler)
  print("--- Benutzerdefinierter Fehlerhandler ---")
  print("Originalfehler:", originalFehler)
  -- Fügen wir mehr Infos hinzu, wie einen Stack-Trace (siehe debug-Bibliothek
später)
  local traceback = debug.traceback("Stack-Trace:", 2) -- Ebene 2, um xpcall &
Handler zu überspringen
  return "Behandelter Fehler: " .. originalFehler .. "\n" .. traceback
end

-- Rufe funktionDieFehlschlaegt mit xpcall und unserem Handler auf
local status, ergebnisOderVerarbeiteterFehler = xpcall(funktionDieFehlschlaegt,
meinFehlerhandler)

if status then
  print("xpcall Erfolg:", ergebnisOderVerarbeiteterFehler)
else
  print("xpcall Fehlschlag! Verarbeiteter Fehler unten:")
  print(ergebnisOderVerarbeiteterFehler)
end
```

Ausgabe:

```
--- Benutzerdefinierter Fehlerhandler ---
Originalfehler: ...datei.lua:2: Etwas ist intern schiefgelaufen!
xpcall Fehlschlag! Verarbeiteter Fehler unten:
Behandelter Fehler: ...datei.lua:2: Etwas ist intern schiefgelaufen!
Stack-Trace:
...datei.lua:2: in function 'funktionDieFehlschlaegt'
[C]: in function 'xpcall'
...datei.lua:14: in main chunk
[C]: in ?
```

xpcall gibt dir mehr Kontrolle über die Fehlerberichterstattung, wenn ein Fehler abgefangen wird.

Fehler absichtlich erzeugen

Manchmal erkennt *dein* Code eine Situation, die nicht eintreten sollte – ungültige Eingaben, die frühere Prüfungen umgangen haben, ein unmöglicher interner Zustand oder das Scheitern beim Erwerb einer notwendigen Ressource. In diesen Fällen möchtest du vielleicht die Ausführung bewusst stoppen und selbst einen Fehler signalisieren. Lua bietet dafür error() und assert().

Die error(message, [level]) Funktion

Der Aufruf von error() stoppt sofort die Ausführung und erzeugt (oder *löst aus*, oder *wirft*) einen Laufzeitfehler.

- message: Ein String (oder ein beliebiger Wert, typischerweise ein String), der das Problem beschreibt. Diese Nachricht erhält pcall oder xpcall, wenn sie den Fehler abfangen.
- level (Optionaler Integer): Dies steuert, wo die Fehlermeldung den Fehlerort im Aufrufstack angibt.
    - level = 1 (Standard): Fehlerort ist dort, wo error() aufgerufen wurde.
    - level = 2: Fehlerort ist dort, wo die Funktion aufgerufen wurde, die die Funktion mit error() *aufgerufen* hat.
    - level = 0: Überspringt das Hinzufügen von Ortsinformationen.

Normalerweise verwendest du level = 1 (der Standard) oder level = 2, wenn du eine Hilfsfunktion schreibst, die Argumente für *andere* Funktionen prüft und möchtest, dass der Fehler dem Aufrufer deiner Hilfsfunktion angelastet wird.

```
function pruefePositiv(wert, argName)
  if type(wert) ~= "number" or wert <= 0 then
    -- Beschuldige die Funktion, die pruefePositiv aufgerufen hat
    error("Ungültiges Argument #" .. argName .. ": positive Zahl erwartet,
erhalten " .. type(wert), 2)
  end
end

function verarbeiteDaten(datenWert)
  pruefePositiv(datenWert, 1) -- Prüfe das erste Argument ('datenWert')
```

```
  -- ... verarbeite datenWert ...
  print("Verarbeitung erfolgreich mit Wert:", datenWert)
end

verarbeiteDaten(10) -- Ausgabe: Verarbeitung erfolgreich mit Wert: 10
-- verarbeiteDaten(-5) -- FEHLER: ...datei.lua:9: Ungültiges Argument #1:
positive Zahl erwartet, erhalten number
-- (Fehler zeigt auf Zeile 9, wo verarbeiteDaten aufgerufen wurde, weil wir
Level 2 verwendet haben)
-- verarbeiteDaten("hallo") -- FEHLER: ...datei.lua:9: Ungültiges Argument #1:
positive Zahl erwartet, erhalten string
```

Die `assert(condition, [message])` Funktion

assert bietet eine prägnante Möglichkeit zu überprüfen, ob eine Bedingung wahr ist,
und einen Fehler auszulösen, wenn nicht. Es wird häufig für Plausibilitätsprüfungen,
die Überprüfung von Funktionsargumenten (Vorbedingungen) oder die Prüfung von
Ergebnissen (Nachbedingungen) verwendet.

- condition: Der zu prüfende Wert oder Ausdruck. Erinnere dich an Luas
  Wahrheitswert: Nur false und nil lassen die Assertion fehlschlagen.
- message (Optional): Die Fehlermeldung, die verwendet werden soll, wenn die
  Bedingung false oder nil ist. Wenn weggelassen, liefert assert eine generische Meldung wie „assertion failed!".

Verhalten:

- Wenn condition **wahr** ist (jeder Wert außer false oder nil), tut assert
  nichts, außer alle seine Argumente zurückzugeben, beginnend mit der condition selbst.
- Wenn condition **falsch** oder nil ist, ruft assert intern error() auf und übergibt die message (oder die Standardmeldung).

```
function dividiereAssert(a, b)
  assert(type(a) == "number", "Argument #1 muss eine Zahl sein")
  assert(type(b) == "number", "Argument #2 muss eine Zahl sein")
  assert(b ~= 0, "Kann nicht durch Null teilen") -- Prüfe Vorbedingung
  local ergebnis = a / b
  -- assert(ergebnis > 0, "Ergebnis sollte positiv sein") -- Beispiel
Nachbedingungsprüfung
  return ergebnis
end
```

```
print(dividiereAssert(10, 2))      -- Ausgabe: 5.0
-- print(dividiereAssert(10, 0))      -- FEHLER: ...datei.lua:4: Kann nicht durch
Null teilen
-- print(dividiereAssert("zehn", 2)) -- FEHLER: ...datei.lua:2: Argument #1 muss
eine Zahl sein

-- Assert kann bei Erfolg Werte zurückgeben
local wert = assert(dividiereAssert(20, 4), "Division unerwartet
fehlgeschlagen")
print("Assert gab zurück:", wert) -- Ausgabe: Assert gab zurück: 5.0
```

assert wird oft if bedingung then error(...) end wegen seiner Kürze vorgezogen, wenn wesentliche Bedingungen geprüft werden.

Debugging

Fehlerbehandlung hilft deinem Programm, Fehler zu überstehen, aber du musst die zugrunde liegenden Fehler immer noch *finden* und *beheben*.

- **Lies die Fehlermeldung!** Luas Fehlermeldungen sind normalerweise informativ. Sie teilen dir typischerweise mit:
  - Den Dateinamen und die Zeilennummer, wo der Fehler aufgetreten ist.
  - Eine Beschreibung des Fehlers (z. B. „attempt to index a nil value", „attempt to perform arithmetic on..." oder die Nachricht, die du an error/assert übergeben hast).
- **Verstehe Stack Traces:** Wenn ein Fehler innerhalb verschachtelter Funktionsaufrufe auftritt, liefert Lua oft einen **Stack Trace**. Dieser zeigt die Sequenz der Funktionsaufrufe, die zum Fehler geführt haben, beginnend am Fehlerpunkt und zurück durch die Aufrufkette. Dies ist von unschätzbarem Wert, um den Kontext zu verstehen, in dem der Fehler aufgetreten ist. debug.traceback() (im xpcall-Beispiel verwendet) erzeugt diese Traces.
- print-**Debugging:** Die einfachste Debugging-Technik besteht oft darin, einfach print-Anweisungen in deinen Code einzufügen, um die Werte von Variablen an verschiedenen Punkten zu überprüfen und so herauszufinden, wo die Dinge anfangen, schief zu laufen. print(type(variable)) ist ebenfalls nützlich.
- **Debug-Bibliothek** (debug.traceback, **etc.**): Wie erwähnt, ist debug.traceback() nützlich, um Stack-Informationen programmatisch zu erhalten, oft innerhalb eines Fehlerhandlers. Die debug-Bibliothek (mehr in Kapitel 12)

bietet leistungsfähigere Introspektionswerkzeuge, wird aber im Allgemeinen eher zum Erstellen von Debuggern als im alltäglichen Code verwendet.

- **Externe Debugger:** Für komplexere Debugging-Aufgaben können dedizierte Werkzeuge oder IDE-Plugins (wie die für ZeroBrane Studio, VS Code usw.) verwendet werden. Sie ermöglichen das Setzen von Haltepunkten (Pausieren der Ausführung an bestimmten Zeilen), das schrittweise Ausführen von Code (step over, step into, step out) und die interaktive Überprüfung von Variablen-werten.

Die Verwendung eines richtigen Debuggers kann die Zeit zum Finden und Beheben komplexer Fehler drastisch reduzieren.

Best Practices für die Fehlerbehandlung

- `pcall` **für das Unvorhersehbare:** Verwende `pcall` (oder `xpcall`), wenn du mit Operationen zu tun hast, die aufgrund externer Faktoren fehlschlagen kön-nten, die du nicht vollständig kontrollieren kannst: Interaktion mit dem Betriebssystem (Datei-I/O, Netzwerkaufrufe), Parsen von Benutzereingaben, Aufruf potenziell instabilen Drittanbieter-Codes.
- `assert` **für Plausibilitätsprüfungen:** Verwende `assert`, um interne Annah-men, Vorbedingungen und Nachbedingungen innerhalb deines eigenen Codes zu validieren. Wenn ein `assert` fehlschlägt, deutet dies normalerweise auf einen Fehler in deiner eigenen Logik hin, der behoben werden muss, nicht nur elegant gehandhabt.
- **Klare Fehlermeldungen:** Wenn du `error` oder `assert` verwendest, gib Mel-dungen an, die klar erklären, *was* schiefgelaufen ist und idealerweise *warum* (z. B. „Ungültige Eingabe für 'alter': Zahl zwischen 0 und 120 erwartet, -5 erhal-ten").
- **Eingaben frühzeitig validieren:** Überprüfe Benutzereingaben oder Daten aus externen Quellen, sobald sie in dein System gelangen. Gib potenziell ungültige Daten nicht tief in die Logik deines Programms weiter.
- **Ressourcenbereinigung:** Wenn dein Code Ressourcen erwirbt (wie das Öffnen von Dateien mit `io.open` - Kapitel 12), stelle sicher, dass diese Res-sourcen freigegeben werden (z. B. `datei:close()`), auch wenn ein Fehler auftritt, *nachdem* sie erworben wurden. `pcall` kann um Blöcke herum verwen-det werden, die Ressourcen nutzen, wobei der Bereinigungscode nach dem `pcall` unabhängig von Erfolg oder Misserfolg ausgeführt wird. (Metatabellen-Finalizer (`__gc` - Kapitel 13) können in einigen Fällen auch bei der automat-ischen Bereinigung helfen).

Kapitelzusammenfassung

Dieses Kapitel hat dich mit dem Wissen ausgestattet, um Laufzeitfehler in Lua zu handhaben. Du hast gelernt, Fehlertypen zu unterscheiden und dich auf Laufzeitfehler konzentriert. Wir haben untersucht, wie man potenziell fehlschlagenden Code sicher mit `pcall` und `xpcall` ausführt, ihre Rückgabewerte verstanden und wie `xpcall` benutzerdefinierte Fehlerhandler ermöglicht. Du hast auch gelernt, wie man Fehler absichtlich innerhalb deines eigenen Codes mit `error()` für kritische Fehler und `assert()` zur prägnanten Validierung von Bedingungen erzeugt. Wir haben kurz Debugging-Strategien wie die Interpretation von Fehlermeldungen, Stack Traces und die Verwendung von print-Anweisungen angesprochen. Schließlich haben wir Best Practices diskutiert, wann und wie diese Fehlerbehandlungswerkzeuge effektiv eingesetzt werden können.

Die robuste Handhabung von Fehlern ist für die Erstellung zuverlässiger Anwendungen unerlässlich. Wenn Anwendungen wachsen, beinhaltet die Verwaltung der Komplexität auch die Organisation des Codes selbst in logische Einheiten. Im nächsten Kapitel werden wir Luas Modulsystem untersuchen, das es dir ermöglicht, deinen Code in wiederverwendbare Dateien aufzuteilen und Abhängigkeiten sauber zu verwalten.

10

Deinen Code organisieren

Während du in den vorherigen Kapiteln immer komplexere Programme erstellt hast, ist dir vielleicht aufgefallen, dass deine Skriptdateien länger und potenziell schwerer zu navigieren wurden. Hunderte oder Tausende von Codezeilen, einschließlich Funktionen, Variablen und Kontrollstrukturen, alle in eine einzige Datei zu packen, wird schnell unhandlich. Es ist, als würde man versuchen, ein Haus nur mit einem riesigen, undifferenzierten Haufen von Materialien zu bauen, anstatt sie in Wände, Räume und Böden zu organisieren. Lua bietet dafür eine saubere und effektive Lösung: **Module**. Module ermöglichen es dir, deinen Code in separate, in sich geschlossene Dateien aufzuteilen, die sich jeweils auf ein bestimmtes Funktionsstück konzentrieren. Dieses Kapitel zeigt dir, wie du diese Module erstellst und verwendest und dabei Luas `require`-Funktion nutzt, um gut strukturierte, wartbare und wiederverwendbare Codebasen zu erstellen.

Die Notwendigkeit von Struktur

Warum ist es ein Problem, alles in eine Datei zu packen?

- **Lesbarkeit leidet:** Das Finden einer bestimmten Funktion oder eines Logikstücks in einer riesigen Datei wird zur Qual.
- **Wartung wird schwierig:** Das Ändern eines Teils des Codes kann unbeabsichtigt einen anderen Teil zerstören, wenn alles eng miteinander verwoben ist. Das Beheben von Fehlern erfordert die Suche in der gesamten Datei.

- **Wiederverwendbarkeit ist begrenzt:** Wenn du einen nützlichen Satz von Funktionen in einer Projektdatei schreibst, bedeutet deren Verwendung in einem anderen Projekt Kopieren und Einfügen, was zu Duplizierung und potenziellen Inkonsistenzen führt, wenn du das Original aktualisierst.
- **Zusammenarbeit ist schwieriger:** Wenn mehrere Personen gleichzeitig an derselben großen Datei arbeiten, führt dies oft zu Konflikten und Verwirrung.
- **Namenskonflikte:** Ohne sorgfältige Verwendung von `local` (wie in Kapitel 5 betont) können globale Variablen, die in einem Teil der Datei definiert sind, leicht mit denen kollidieren, die anderswo definiert sind.

Module gehen diese Probleme an, indem sie Folgendes fördern:

- **Organisation:** Code, der sich auf eine bestimmte Aufgabe bezieht (z. B. Spieler-Management, Datei-Utilities, UI-Rendering), wird in einer eigenen Datei gruppiert.
- **Wiederverwendbarkeit:** Ein gut gestaltetes Modul kann problemlos in mehreren Projekten verwendet (`required`) werden.
- **Kapselung / Namensräume:** Module legen typischerweise nur einen bestimmten Satz von Funktionen und Variablen offen (ihre öffentliche Schnittstelle) und verbergen interne Implementierungsdetails. Dies verhindert versehentliche Änderungen von außen und reduziert das Risiko von globalen Namenskollisionen erheblich.
- **Einfachere Zusammenarbeit:** Verschiedene Teammitglieder können unabhängiger an verschiedenen Modulen arbeiten.

Was ist ein Lua-Modul?

Im modernen Lua ist die Standardkonvention zur Erstellung eines Moduls bemerkenswert einfach:

1. Ein Lua-Modul ist typischerweise eine Standard-Lua-Datei (`.lua`).
2. Innerhalb der Moduldatei definierst du Funktionen und Variablen, vorzugsweise mit dem `local`-Schlüsselwort, um sie standardmäßig privat für das Modul zu halten.
3. Du erstellst eine Tabelle (oft `M` oder ein beschreibender Name per Konvention) innerhalb der Moduldatei.
4. Du fügst die Funktionen und Variablen, die du *öffentlich* machen möchtest (von außerhalb des Moduls zugänglich), als Felder zu dieser Tabelle hinzu.
5. Ganz am Ende der Moduldatei gibst du diese Tabelle mit `return` zurück.

Diese zurückgegebene Tabelle *ist* das Modul aus der Perspektive des Codes, der es verwendet. Sie fungiert als Container oder Namensraum für die öffentliche Funktionalität des Moduls.

Ein einfaches Modul erstellen

Erstellen wir ein Basismodul für einfache String-Utility-Funktionen.

1. Erstelle eine neue Datei namens `strutils.lua`.
2. Füge den folgenden Code zu `strutils.lua` hinzu:

```lua
-- strutils.lua
-- Ein einfaches Modul für String-Utilities

-- Erstelle die Tabelle, die als Schnittstelle des Moduls zurückgegeben wird
local M = {}

-- Interne Hilfsfunktion (nicht öffentlich zugänglich)
local function istGueltigerString(s)
  return type(s) == "string"
end

-- Öffentliche Funktion: Prüfen, ob ein String leer oder nil ist
function M.istLeer(s)
  return s == nil or s == ""
end

-- Öffentliche Funktion: Wiederhole einen String N Mal
-- (Wir haben bereits string.rep, aber dies dient zur Veranschaulichung)
function M.wiederholeString(s, n)
  if not istGueltigerString(s) or type(n) ~= "number" or n < 0 then
    -- Verwendung von error, besprochen in Kapitel 9
    error("Ungültige Argumente für wiederholeString", 2)
  end
  local ergebnis = ""
  for i = 1, n do
    ergebnis = ergebnis .. s
  end
  return ergebnis
end

-- Öffentliche Variable (weniger üblich, aber möglich)
M.version = "1.0"

-- Gib die öffentliche Schnittstellen-Tabelle zurück
```

```
return M
```

Schlüsselpunkte in diesem Beispiel:

- `local M = {}`: Wir erstellen eine lokale Tabelle `M`, um unsere öffentliche Schnittstelle zu halten.
- `local function istGueltigerString...`: Diese Hilfsfunktion ist `local` und wird *nicht* zu `M` hinzugefügt, sodass sie nicht direkt von außerhalb des Moduls aufgerufen werden kann. Es ist ein Implementierungsdetail.
- `function M.istLeer...` und `function M.wiederholeString...`: Diese Funktionen werden als Felder zur `M`-Tabelle hinzugefügt, unter Verwendung der Punktnotation. Sie werden Teil der öffentlichen Schnittstelle.
- `M.version = "1.0"`: Wir können auch Variablen zur öffentlichen Schnittstelle hinzufügen.
- `return M`: Der entscheidende letzte Schritt, der die `M`-Tabelle für Code verfügbar macht, der dieses Modul benötigt.

Module verwenden

Nachdem wir nun unser `strutils.lua`-Modul haben, wie verwenden wir es in einer anderen Lua-Datei (sagen wir, `main.lua`)? Wir verwenden die eingebaute `require`-Funktion.

`require` nimmt ein einzelnes Argument entgegen: einen String, der den **Modulnamen** repräsentiert. Per Konvention ist dies normalerweise der Dateiname *ohne* die `.lua`-Erweiterung.

1. Erstelle eine Datei namens `main.lua` im **selben Verzeichnis** wie `strutils.lua`.
2. Füge den folgenden Code zu `main.lua` hinzu:

```
-- main.lua
-- Ein Skript, das das strutils-Modul verwendet

-- Verwende 'require', um das Modul zu laden.
-- Die zurückgegebene Tabelle (M aus strutils.lua) wird in der lokalen Variable
'strutils' gespeichert.
local strutils = require("strutils")

-- Jetzt können wir die öffentlichen Funktionen über den Variablennamen
aufrufen:
```

```lua
local name = ""
if strutils.istLeer(name) then
  print("Name ist leer.")
end

local trennzeichen = strutils.wiederholeString("=", 10)
print(trennzeichen)

print("String Utilities Version:", strutils.version)

-- Versuch, die interne Funktion aufzurufen, schlägt fehl:
-- print(strutils.istGueltigerString) -- Dies würde 'nil' ausgeben
-- strutils.istGueltigerString("test") -- Dies würde einen Fehler verursachen
(Versuch, einen nil-Wert aufzurufen)

-- Erneutes Laden versuchen:
print("\nErneutes Laden...")
local strutils_wieder = require("strutils")

-- Prüfen, ob es exakt dieselbe Tabelle ist (sollte es sein!)
if strutils == strutils_wieder then
  print("require gab dieselbe gecachte Tabelle zurück.")
end
```

Führe `main.lua` von deinem Terminal aus:

```
lua main.lua
```

Ausgabe:

```
Name ist leer.
==========
String Utilities Version: 1.0

Erneutes Laden...
require gab dieselbe gecachte Tabelle zurück.
```

Wie `require` funktioniert:

1. **Suche:** `require("modulname")` sucht nach einer Datei, die das Modul "modul-name" bereitstellen kann. Es durchsucht eine spezifische Liste von Pfaden, die in `package.path` definiert sind (mehr dazu als Nächstes). Typischerweise sucht es nach `modulname.lua`.

2. **Cache prüfen:** Vor dem Laden prüft `require`, ob das Modul "modulname" *bereits* geladen wurde, indem es in der `package.loaded`-Tabelle nachsieht.

3. **Laden und Ausführen (wenn nicht gecacht):** Wenn das Modul nicht gecacht ist, findet `require` die entsprechende Datei (z. B. `strutils.lua`), lädt sie und führt ihren Lua-Code von oben nach unten aus.

4. **Ergebnis cachen:** `require` nimmt den von der Moduldatei zurückgegebenen Wert (in unserem Fall die `M`-Tabelle) und speichert ihn in `package.loaded["modulname"]`.

5. **Rückgabewert:** `require` gibt den aus dem Cache abgerufenen Wert zurück (entweder neu gespeichert oder in Schritt 2 gefunden).

Da `require` das Ergebnis zwischenspeichert, wird der Code eines Moduls nur **einmal** ausgeführt, egal wie oft du es in deinem Projekt mit `require` lädst. Nachfolgende Aufrufe geben einfach die bereits geladene Modultabelle zurück, was Effizienz gewährleistet und verhindert, dass Nebeneffekte mehrfach ausgeführt werden.

`package.path` **verstehen**

Woher weiß `require`, wo es nach `strutils.lua` suchen soll? Es verwendet einen Suchpfad-String, der in `package.path` gespeichert ist. Dies ist nur ein normaler Lua-String, der eine Sequenz von **Vorlagen** enthält, getrennt durch Semikolons (;). Jede Vorlage teilt `require` mit, wo nach einer Datei gesucht werden soll, wobei ein Fragezeichen (?) als Platzhalter für den Modulnamen verwendet wird.

Du kannst den Standardpfad deines Systems sehen, indem du ihn ausgibst:

```
print(package.path)
```

Die Ausgabe variiert je nach Betriebssystem und Lua-Installation, könnte aber etwa so aussehen (vereinfacht):

- **Linux/macOS:** `./?.lua;./?/init.lua;/usr/local/share/lua/5.4/?.lua;/usr/local/share/lua/5.4/?/init.lua;...`
- **Windows:** `.\?.lua;.\?\init.lua;C:\Program Files\Lua\5.4\lua\?.lua;C:\Program Files\Lua\5.4\lua\?\init.lua;...`

Wenn du `require("strutils")` aufrufst:

1. Lua ersetzt ? in der ersten Vorlage (`./?.lua`) durch „strutils", was zu `./strutils.lua` führt.

2. Es prüft, ob eine Datei unter diesem Pfad relativ zum aktuellen Verzeichnis (.) existiert. Wenn gefunden, wird sie geladen.

3. Wenn nicht gefunden, versucht es die nächste Vorlage (./?/init.lua) und sucht nach ./strutils/init.lua.

4. Es setzt diesen Prozess durch alle Vorlagen in package.path fort, bis es eine passende Datei findet oder den Pfad erschöpft hat (in diesem Fall löst require einen Fehler aus).

Das ?/init.lua-Muster wird für „Pakete" verwendet, die mehrere Module enthalten (siehe nächster Abschnitt).

Normalerweise musst du package.path nicht direkt ändern. Das Platzieren deiner Moduldateien im selben Verzeichnis wie das Skript, das sie benötigt, oder in Unterverzeichnissen funktioniert oft, da ./?.lua (aktuelles Verzeichnis) typischerweise früh im Pfad enthalten ist. Für größere Projekte oder gemeinsam genutzte Bibliotheken könntest du die Umgebungsvariable LUA_PATH setzen, bevor du Lua ausführst, was ihren Wert dem Standard-package.path voranstellt.

Pakete

Wenn Projekte wachsen, reicht selbst die Organisation von Code in einzelne Moduldateien möglicherweise nicht aus. Du möchtest vielleicht verwandte Module gruppieren. Hier kommen **Pakete** ins Spiel. Ein Paket ist keine spezielle Konstruktion in Lua; es ist einfach eine Konvention zur Organisation von Modulen mithilfe von Verzeichnissen.

Stell dir vor, du baust ein kleines Spiel und möchtest Zeichen-Utilities von Physikberechnungen trennen. Du könntest eine Verzeichnisstruktur wie diese erstellen:

```
meinspiel/
├── main.lua
├── engine/
│   ├── init.lua       (Optionaler Haupteinstiegspunkt für das 'engine'-Paket)
│   ├── draw.lua       (Zeichenfunktionen)
│   └── physics.lua    (Physikberechnungen)
└── utils/
    └── string_helpers.lua
```

Um Module aus diesen Unterverzeichnissen in main.lua zu verwenden, benutzt du einen Punkt (.) im require-String, um den Verzeichnistrenner darzustellen:

```
-- main.lua

-- Lade das Zeichenmodul aus dem 'engine'-Verzeichnis
local draw = require("engine.draw")

-- Lade das Physikmodul
local physics = require("engine.physics")

-- Lade die String-Helfer
local stringHelfer = require("utils.string_helpers")

-- Du *könntest* potenziell auch das 'engine'-Paket selbst laden,
-- wenn engine/init.lua existiert und etwas Nützliches zurückgibt.
-- local engineKern = require("engine")

draw.rechteck(10, 10, 50, 30)
local pos = physics.aktualisierePosition({x=0, y=0}, {dx=1, dy=2}, 0.1)
local formatiert = stringHelfer.trim("  extra Leerzeichen  ")
```

Wenn Lua `require("engine.draw")` sieht, ersetzt es den . durch den entsprechenden Verzeichnistrenner (wie / oder \), wenn es die Vorlagen in `package.path` ausprobiert. Zum Beispiel würde es bei Verwendung der Vorlage `./?.lua` nach `./engine/draw.lua` suchen. Bei Verwendung von `./?/init.lua` würde es nach `./engine/draw/init.lua` suchen.

Diese verzeichnisbasierte Organisation macht die Verwaltung größerer Sammlungen verwandter Module viel sauberer.

Die package **Bibliothek**

Lua stellt eine globale `package`-Tabelle bereit, die Informationen und Funktionen zum Laden von Modulen enthält. Einige Teile haben wir bereits kennengelernt:

- `package.path`: Der Suchpfad-String für Lua-Module.

- `package.loaded`: Eine Tabelle, die von `require` verwendet wird, um geladene Module zwischenzuspeichern. Schlüssel sind die Modulnamen (z. B. "strutils", "engine.draw"), und Werte sind die Ergebnisse, die von den Moduldateien zurückgegeben werden (normalerweise die Modultabellen). Du kannst diese Tabelle inspizieren, um zu sehen, was geladen ist.

  ```
  local strutils = require("strutils")
  ```

```
print(package.loaded["strutils"] == strutils) -- Ausgabe: true
```

- package.preload: Eine Tabelle, in der du manuell „Ladefunktionen" für spezifische Modulnamen registrieren kannst, *bevor* require package.path durchsucht. Wenn require("modulname") aufgerufen wird und package.preload["modulname"] existiert und eine Funktion ist, ruft require diese Funktion auf, anstatt das Dateisystem zu durchsuchen. Dies ist nützlich, um Module direkt in dein Skript einzubetten oder sie aus nicht standardmäßigen Quellen zu laden.

```
-- Registriere einen Loader für ein virtuelles Modul 'virtuelles_modul'
vorab
package.preload["virtuelles_modul"] = function()
  print("Lade virtuelles_modul...")
  local M = {}
  M.gruss = function() print("Hallo vom virtuellen Modul!") end
  return M
end

local vm = require("virtuelles_modul") -- Führt die Preload-Funktion aus
vm.gruss()
-- Ausgabe:
-- Lade virtuelles_modul...
-- Hallo vom virtuellen Modul!
```

- package.cpath: Ähnlich wie package.path, aber dies ist der Suchpfad, den require verwendet, wenn es nach **C-Bibliotheken** sucht (dynamische Link-Bibliotheken wie .so, .dll). Wir werden die C-Integration in Kapitel 14 ansprechen.

Ein älterer Ansatz

In älterem Lua-Code (vor Lua 5.1, obwohl er sich hielt) könntest du auf eine andere Art der Moduldefinition stoßen, die eine globale module()-Funktion verwendet:

```
-- altstil_modul.lua (SCHREIBE KEINEN NEUEN CODE SO)
module("altstil_modul", package.seeall)

-- Hier definierte Funktionen werden standardmäßig GLOBAL innerhalb der
Modulumgebung
function gruss()
```

```
    print("Hallo vom altstil_modul!")
end

-- Variablen werden ebenfalls global im Modul, es sei denn, sie sind als local
markiert
version = "0.1"
```

Die Verwendung dieses Moduls würde Folgendes beinhalten:

```
-- main_mit_altstil.lua
require("altstil_modul")

-- Auf Funktionen/Variablen aus dem Modul wird direkt als globale Variablen
zugegriffen
altstil_modul.gruss()
print(altstil_modul.version)
```

Die `module(...)`-Funktion führte hinter den Kulissen eine komplexe Einrichtung durch, erstellte eine Umgebungstabelle für das Modul und ließ globale Variablen innerhalb des Moduls oft als Felder einer globalen Tabelle erscheinen, die nach dem Modul benannt war. `package.seeall` wurde oft verwendet, um dem Modul Zugriff auf vorhandene globale Variablen zu gewähren.

Warum wird dieser Ansatz jetzt missbilligt und das `require`/Tabelle-zurückgeben-Muster bevorzugt?

- **Globale Verschmutzung:** Die `module()`-Funktion beruhte von Natur aus auf der Erstellung globaler Variablen (die Modultabelle selbst und potenziell ihre Inhalte, wenn man nicht aufpasste), was das Risiko von Namenskollisionen erhöhte.
- **Implizite Exporte:** Es war nicht immer sofort klar, welche Funktionen/Variablen als öffentlich gedacht waren. Alles, was nicht explizit `local` war, konnte Teil der Modultabelle oder Umgebung werden.
- **Weniger klare Abhängigkeiten:** Die `package.seeall`-Option erschwerte die Nachverfolgung, von welchen externen globalen Variablen ein Modul abhing.
- **Komplexität:** Die von `module()` durchgeführte Umgebungsmanipulation war komplexer als der geradlinige Ansatz der Tabellenrückgabe.

Das moderne `local M = {}; ...; return M`-Muster in Kombination mit `local meinModul = require("meinModul")` ist viel expliziter, sauberer, vermeidet die Verschmutzung des globalen Namensraums und ist die Standardpraxis in der überwiegenden Mehrheit der aktuellen Lua-Projekte. Halte dich an dieses Muster!

Tipps zum Moduldesign

- **Halte Module fokussiert:** Ziele auf Module ab, die eine Sache gut machen (oder einen spezifischen Aufgabenbereich abdecken). Dies folgt dem Single-Responsibility-Prinzip und macht Module leichter verständlich, testbar und wiederverwendbar.
- **Minimiere Abhängigkeiten:** Gestalte Module nach Möglichkeit so, dass sie nur wenige Abhängigkeiten von anderen Modulen haben. Dies reduziert die Kopplung und macht dein Gesamtsystem flexibler.
- **Exportiere nur das Nötigste:** Verwende `local` für alle internen Hilfsfunktionen und Variablen. Füge nur Funktionen/Variablen zur zurückgegebenen Modultabelle hinzu, die wirklich Teil der öffentlichen Application Programming Interface (API) des Moduls sind.
- **Klare Benennung:** Wähle klare, beschreibende Namen für deine Moduldateien (z. B. `json_parser.lua`, `netzwerk_utils.lua`) und für die Funktionen/Variablen in ihrer öffentlichen Schnittstelle.
- **Konsistenz:** Verwende eine konsistente Konvention für die Benennung der Modultabelle innerhalb der Datei (z. B. immer `local M = {}`) und für die Benennung von Funktionen (z. B. `camelCase` oder `snake_case`).

Kapitelzusammenfassung

In diesem Kapitel hast du die wesentliche Technik zur Organisation von Lua-Code in handhabbare Einheiten gelernt: **Module**. Wir haben das Standardmuster der Erstellung eines Moduls als Lua-Datei untersucht, die lokale Funktionen/Variablen definiert, eine Tabelle mit ihrer öffentlichen Schnittstelle füllt und diese Tabelle zurückgibt. Du hast gelernt, wie man diese Module mit der `require`-Funktion lädt und verwendet, ihren Caching-Mechanismus verstanden und wie sie `package.path` verwendet, um Dateien zu finden. Wir haben auch behandelt, wie man verwandte Module mithilfe von Verzeichnissen und Punkten (.) in `require`-Strings zu Paketen strukturiert. Obwohl wir die ältere `module()`-Funktion kurz erwähnt haben, haben wir betont, warum der moderne Ansatz der Tabellenrückgabe überlegen ist. Schließlich haben wir Best Practices für die Gestaltung sauberer, wiederverwendbarer und wartbarer Module diskutiert.

Die Organisation von Code mit Modulen ist entscheidend für die Skalierbarkeit. Manchmal benötigen Teile deines Programms, sei es innerhalb eines Moduls oder über Module hinweg, die Fähigkeit, Aufgaben zu verwalten, die scheinbar gleichzeitig ablaufen, pausieren und wiederaufnehmen, ohne die gesamte Anwendung zu blockieren. Lua bietet dafür einen einzigartigen und leichtgewichtigen Mechanismus namens **Coroutinen**, den wir im nächsten Kapitel untersuchen werden.

11
Kooperatives Multitasking

In Kapitel 10 haben wir gelernt, wie man größere Lua-Projekte mithilfe von Modulen strukturiert und zusammengehörigen Code in separaten Dateien organisiert. Dies hilft, die Komplexität aus struktureller Sicht zu bewältigen. Manchmal liegt die Komplexität jedoch im Ausführungsfluss selbst. Stell dir vor, du musst mehrere Netzwerkverbindungen gleichzeitig handhaben, Daten stückweise aus einer großen Datei lesen, ohne alles in den Speicher zu laden, oder komplexe Charakter-KI in einem Spiel implementieren, bei der verschiedene Verhaltensweisen pausieren und wiederaufgenommen werden müssen.

Traditionelle Betriebssystem-Threads können Parallelität handhaben, aber sie bringen oft erheblichen Overhead und Komplexitäten im Zusammenhang mit der Synchronisierung mit sich (Verhindern, dass mehrere Threads gemeinsam genutzte Daten beeinträchtigen). Lua bietet eine andere, bemerkenswert leichtgewichtige und elegante Lösung namens **Coroutinen**. Coroutinen bieten einen Mechanismus für *kooperatives Multitasking*, der es dir ermöglicht, nebenläufige Aufgaben zu schreiben, die explizit die Kontrolle aneinander abgeben und alle innerhalb eines einzigen OS-Threads laufen.

Was sind Coroutinen?

Stell dir eine Coroutine als eine Funktion vor, die die Fähigkeit hat, ihre Ausführung an bestimmten Punkten zu pausieren und später genau dort fortzufahren, wo sie aufgehört hat. Im Gegensatz zu regulären Funktionen, die laufen, bis sie zurückkehren oder einen Fehler auslösen, können sich Coroutinen freiwillig mit `coroutine.yield()` suspendieren und später mit `coroutine.resume()` reaktiviert werden.

Schlüsselmerkmale von Lua-Coroutinen:

1. **Keine echten parallelen Threads:** Das ist entscheidend. Alle Coroutinen innerhalb eines Standard-Lua-Programms laufen sequenziell innerhalb *desselben* Betriebssystem-Threads. Zu jedem Zeitpunkt wird nur eine Coroutine ausgeführt. Sie bieten Nebenläufigkeit (Verwaltung mehrerer logischer Aufgaben über die Zeit) aber keine Parallelität (mehrere Aufgaben, die gleichzeitig auf verschiedenen CPU-Kernen ausgeführt werden).

2. **Kooperatives Multitasking:** Coroutinen entscheiden selbst, wann sie pausieren (yield). Sie kooperieren, indem sie explizit die Kontrolle abgeben. Dies steht im Gegensatz zum *präemptiven* Multitasking (verwendet von OS-Threads), bei dem das Betriebssystem entscheidet, wann ein Thread unterbrochen und zu einem anderen gewechselt wird, ob es dem Thread gefällt oder nicht.

3. **Leichtgewichtig:** Das Erstellen und Verwalten von Coroutinen ist in Lua sehr effizient. Du kannst Tausende oder sogar Zehntausende von Coroutinen laufen lassen, ohne den hohen Speicher- und Kontextwechsel-Overhead, der mit OS-Threads verbunden ist.

4. **Resume/Yield Datenübertragung:** Coroutinen können Daten an die wiederaufnehmende Funktion zurücksenden, wenn sie `yield`en, und die wiederaufnehmende Funktion kann Daten zurück in die Coroutine senden, wenn sie `resume`t. Dies ermöglicht eine leistungsstarke Zwei-Wege-Kommunikation.

Stell es dir vor wie Spieler in einem rundenbasierten Brettspiel. Jeder Spieler (Coroutine) macht seinen Zug (läuft), bis er entscheidet, dass sein Zug vorbei ist (`yield`). Dann geht die Kontrolle an den nächsten Spieler über (eine andere Coroutine wird `resume`d).

Die `coroutine` Bibliothek

Lua stellt eine Standardbibliotheks-Tabelle namens `coroutine` zur Verfügung, die die Funktionen enthält, die zum Erstellen und Verwalten von Coroutinen benötigt werden.

Coroutinen erstellen und ausführen

coroutine.create(func)

Diese Funktion erstellt eine neue Coroutine basierend auf der Lua-Funktion func. Sie startet die Coroutine nicht; sie verpackt die Funktion lediglich in ein Coroutine-Objekt und gibt es zurück. Der Typ dieses Objekts ist "thread".

```lua
local function meineCoroutineAufgabe()
  print("Coroutine: Starte Aufgabe...")
  coroutine.yield() -- Pausiere Ausführung hier
  print("Coroutine: Setze Aufgabe fort...")
  print("Coroutine: Aufgabe beendet.")
end

-- Erstelle die Coroutine, aber starte sie noch nicht
local co = coroutine.create(meineCoroutineAufgabe)

print("Coroutine Typ:", type(co))          -- Ausgabe: Coroutine Typ: thread
print("Coroutine Status:", coroutine.status(co)) -- Ausgabe: Coroutine Status:
suspended
```

coroutine.resume(co, arg1, ...)

Diese Funktion startet oder setzt die Ausführung der Coroutine co fort.

- co: Das von coroutine.create zurückgegebene Coroutine-Objekt.
- arg1, ...: Alle Argumente, die *in* die Coroutine übergeben werden sollen.
  - Beim **ersten** Aufruf von resume werden diese Argumente als Parameter an die Hauptfunktion der Coroutine (meineCoroutineAufgabe im Beispiel) übergeben.
  - Bei **nachfolgenden** Aufrufen von resume werden diese Argumente zu den **Rückgabewerten** des coroutine.yield()-Aufrufs, der die Coroutine zuvor suspendiert hat.

Rückgabewerte: coroutine.resume gibt immer zuerst einen booleschen Status zurück.

- **Bei Erfolg (Coroutine yieldet oder endet normal):** Gibt true zurück, gefolgt von allen Argumenten, die an coroutine.yield() übergeben wurden (wenn sie yieldete) oder allen Werten, die von der Coroutine-Funktion zurückgegeben wurden (wenn sie endete).

- **Bei Fehlschlag (Fehler innerhalb der Coroutine):** Gibt false zurück, gefolgt von der Fehlermeldung oder dem Fehlerobjekt.

Setzen wir die von uns erstellte Coroutine fort:

```
print("\nSetze Coroutine zum ersten Mal fort:")
local erfolg, yield_ergebnis1 = coroutine.resume(co)
print("Resume Status:", erfolg)
print("Wert von yield:", yield_ergebnis1) -- Wird nil sein, da yield() keine
Args hatte
print("Coroutine Status nach yield:", coroutine.status(co))

print("\nSetze Coroutine erneut fort (übergebe einen Wert):")
local erfolg2, end_ergebnis = coroutine.resume(co, "Daten von main")
print("Resume Status:", erfolg2)
-- 'end_ergebnis' würde Rückgabewerte enthalten, wenn die Aufgabenfunktion etwas
zurückgegeben hätte
print("Coroutine Status nach Ende:", coroutine.status(co))

print("\nVersuche, eine beendete Coroutine fortzusetzen:")
local erfolg3, fehlerMeldung = coroutine.resume(co)
print("Resume Status:", erfolg3)
print("Fehlermeldung:", fehlerMeldung)
```

Ausgabe:

```
Coroutine Typ: thread
Coroutine Status: suspended

Setze Coroutine zum ersten Mal fort:
Coroutine: Starte Aufgabe...
Resume Status: true
Wert von yield: nil
Coroutine Status nach yield: suspended

Setze Coroutine erneut fort (übergebe einen Wert):
Coroutine: Setze Aufgabe fort...
Coroutine: Aufgabe beendet.
Resume Status: true
Coroutine Status nach Ende: dead

Versuche, eine beendete Coroutine fortzusetzen:
Resume Status: false
Fehlermeldung: cannot resume dead coroutine
```

Ausführung pausieren

coroutine.yield(val1, ...)

Diese Funktion wird *innerhalb* einer laufenden Coroutine aufgerufen, um ihre Ausführung zu suspendieren.

- val1, ...: Alle Werte, die die Coroutine an die Funktion zurückgeben möchte, die coroutine.resume aufgerufen hat. Diese werden zu den von resume zurückgegebenen Ergebnissen (nach dem anfänglichen true-Status).

Entscheidend ist, dass, wenn die Coroutine später fortgesetzt wird (über einen weiteren Aufruf von coroutine.resume), der coroutine.yield-Funktionsaufruf selbst die Argumente **zurückgibt**, die an diesen resume-Aufruf übergeben wurden.

Modifizieren wir unser Beispiel, um diesen Datenaustausch zu zeigen:

```
local function datenAustauschAufgabe(initialArg)
  print("Coroutine: Gestartet mit Argument:", initialArg)

  -- Yield, sende einen Wert zurück an den Resumer
  local resumeArg1 = coroutine.yield("Coroutine benötigt Daten")
  print("Coroutine: Fortgesetzt mit Argument:", resumeArg1)

  -- Yield erneut, sende einen anderen Wert
  local resumeArg2 = coroutine.yield("Coroutine hat Schritt 1 abgeschlossen")
  print("Coroutine: Fortgesetzt mit Argument:", resumeArg2)

  return "Aufgabe abgeschlossen!" -- Finaler Rückgabewert
end

local co = coroutine.create(datenAustauschAufgabe)

print("--- Erstes Resume ---")
local status1, yieldWert1 = coroutine.resume(co, "Initialer Wert")
print("Main: Status:", status1, "Yielded:", yieldWert1)
print("Main: Coroutine Status:", coroutine.status(co))

print("\n--- Zweites Resume ---")
local status2, yieldWert2 = coroutine.resume(co, "Datenpaket A")
print("Main: Status:", status2, "Yielded:", yieldWert2)
print("Main: Coroutine Status:", coroutine.status(co))

print("\n--- Drittes Resume ---")
local status3, endRueckgabe = coroutine.resume(co, "Datenpaket B")
```

```
print("Main: Status:", status3, "Finale Rückgabe:", endRueckgabe)
print("Main: Coroutine Status:", coroutine.status(co))
```

Ausgabe:

```
--- Erstes Resume ---
Coroutine: Gestartet mit Argument:        Initialer Wert
Main: Status:    true    Yielded:         Coroutine benötigt Daten
Main: Coroutine Status: suspended

--- Zweites Resume ---
Coroutine: Fortgesetzt mit Argument:      Datenpaket A
Main: Status:    true    Yielded:         Coroutine hat Schritt 1 abgeschlossen
Main: Coroutine Status: suspended

--- Drittes Resume ---
Coroutine: Fortgesetzt mit Argument:      Datenpaket B
Main: Status:    true    Finale Rückgabe: Aufgabe abgeschlossen!
Main: Coroutine Status: dead
```

Dies zeigt die Hin- und Her-Kommunikation deutlich.

Den Zustand überprüfen

coroutine.status(co)

Wie in den Beispielen gesehen, gibt diese Funktion einen String zurück, der den aktuellen Zustand der Coroutine co angibt:

- "running": Die Coroutine wird gerade ausgeführt (dies kann nur für die Coroutine zutreffen, die status für sich selbst *aufruft*).
- "suspended": Die Coroutine ist pausiert (entweder frisch erstellt oder nach dem Aufruf von yield).
- "normal": Die Coroutine ist aktiv, aber nicht die aktuell laufende (d.h., sie hat eine andere Coroutine fortgesetzt). Dieser Status wird seltener direkt angetroffen.
- "dead": Die Coroutine hat die Ausführung ihrer Hauptfunktion beendet (entweder normal oder aufgrund eines nicht behandelten Fehlers, der von resume abgefangen wurde). Tote Coroutinen können nicht erneut fortgesetzt werden.

Ein einfacherer Weg

Die explizite Verwaltung des `resume`/`yield`-Zyklus kann manchmal umständlich sein, insbesondere bei einfacheren Fällen wie Iteratoren. `coroutine.wrap` bietet eine bequeme Alternative.

`coroutine.wrap(func)` erstellt eine Coroutine aus func, genau wie `coroutine.create`, gibt aber anstelle des Coroutine-Objekts eine **neue Funktion** zurück. Der Aufruf dieser neuen Funktion ruft effektiv `coroutine.resume` für die versteckte Coroutine auf.

- Argumente, die an die gewrappte Funktion übergeben werden, werden an `resume` übergeben.
- Werte, die von der Coroutine ge-yieldet werden, werden vom Aufruf der gewrappten Funktion zurückgegeben.
- Wenn die Coroutine einen Fehler auslöst, wird der Fehler durch den Aufruf der gewrappten Funktion weitergegeben (er wird nicht wie bei `resume` abgefangen).

Beispiel: Einfacher Generator mit `wrap`

```
local function zaehleBis(n)
  print("Zähler-Coroutine startet...")
  for i = 1, n do
    coroutine.yield(i) -- Yield die nächste Zahl
  end
  print("Zähler-Coroutine beendet.")
  -- Kein explizites return für diesen Generator-Stil nötig
end

-- Erstelle die gewrappte Funktion (den Generator)
local naechsteZahl = coroutine.wrap(zaehleBis)

print("Rufe Generator für n=3 auf:")
print("Erhalten:", naechsteZahl(3)) -- Erster Aufruf übergibt '3' als Argument
an zaehleBis
print("Erhalten:", naechsteZahl()) -- Nachfolgende Aufrufe setzen fort
print("Erhalten:", naechsteZahl())
-- Der nächste Aufruf beendet die Schleife und könnte einen Fehler verursachen,
wenn er erneut aufgerufen wird,
-- abhängig davon, wie die gewrappte Funktion das Ende der Coroutine handhabt.
-- Versuchen wir, sie erneut aufzurufen, nachdem sie fertig sein sollte:
print("Erhalten:", naechsteZahl()) -- Dies könnte nil zurückgeben oder einen
Fehler verursachen, je nach Lua-Version/Kontext
```

```lua
-- Führen wir es erneut aus, um zu zeigen, dass es innerhalb der Schleife endet
local naechsteZahl2 = coroutine.wrap(zaehleBis)
print("\nRufe Generator für n=2 auf:")
for i=1, 3 do -- versuche, 3 Zahlen zu bekommen
    local zahl = naechsteZahl2(2) -- Argument '2' ist nur beim ersten Aufruf
relevant
    if zahl == nil then
        print("Generator beendet bei Iteration", i)
        break
    end
    print("Erhalten:", zahl)
end
```

Ausgabe:

```
Rufe Generator für n=3 auf:
Zähler-Coroutine startet...
Erhalten:        1
Erhalten:        2
Erhalten:        3
Zähler-Coroutine beendet.
Erhalten:        nil -- Beispiel: Lua 5.4 gibt nil zurück, nachdem die Coroutine
beendet ist

Rufe Generator für n=2 auf:
Zähler-Coroutine startet...
Erhalten:        1
Erhalten:        2
Zähler-Coroutine beendet.
Generator beendet bei Iteration 3
```

coroutine.wrap ist oft viel sauberer, wenn der Hauptzweck darin besteht, eine Iterator- oder Generatorfunktion zu erstellen.

Häufige Anwendungsfälle für Coroutinen

Coroutinen glänzen in Szenarien, die kooperative, sequenzielle Aufgaben beinhalten, die pausieren und wiederaufgenommen werden müssen.

1. **Iteratoren / Generatoren:** Wie bei coroutine.wrap gesehen, eignen sie sich perfekt zur Erstellung von Funktionen, die eine Sequenz von Werten einzeln generieren und jeden Wert nach Bedarf yielden. Dies vermeidet die Generier-

ung der gesamten Sequenz im Voraus und spart Speicher (z. B. beim Lesen von Zeilen aus einer riesigen Datei).

2. **Simulation asynchroner Operationen:** In Umgebungen wie Spiel-Engines oder Webservern, die nicht-blockierende I/O (Input/Output) verarbeiten, ermöglichen Coroutinen das Schreiben von asynchronem Code in einem synchroneren Stil. Zum Beispiel könntest du Daten aus einem Netzwerk anfordern, die Coroutine `yielden`, und die Ereignisschleife setzt die Coroutine später fort, wenn die Daten eintreffen. Dies vermeidet tief verschachtelte Callbacks („Callback Hell").

3. **Zustandsautomaten:** Implementierung komplexer Logikabläufe (wie KI-Verhalten oder UI-Interaktionssequenzen), bei denen die Entität verschiedene Zustände durchläuft und möglicherweise in jedem Zustand pausiert, um auf Ereignisse oder Zeit zu warten. Coroutinen modellieren diese Pausen und Übergänge auf natürliche Weise.

4. **Produzent/Konsument-Muster:** Eine Coroutine (der Produzent) erzeugt Datenelemente und `yieldet` sie. Eine andere Coroutine (der Konsument) `resumet` den Produzenten, um das nächste Element zu erhalten, verarbeitet es und `resumet` dann den Produzenten erneut. Dies ermöglicht den Datenfluss zwischen ihnen, ohne große Zwischenpuffer zu benötigen.

Coroutinen vs. Betriebssystem-Threads

Es ist wichtig, den Unterschied noch einmal zu betonen:

Merkmal	Lua Coroutinen	OS-Threads
Scheduling	Kooperativ (explizites `yield`)	Präemptiv (OS entscheidet)
Parallelität	Keine (einzelner OS-Thread)	Potenzielle echte CPU-Parallelität
Ressourcenkosten	Sehr niedrig	Höher (Speicher, Kontextwechsel)
Datenteilung	Einfacher (i.d.R. keine Locks nötig)	Komplex (erfordert Locks, Mutexes)

CPU-gebundene Aufgaben	Nicht zur Beschleunigung geeignet	Kann auf Multi-Core-CPUs beschleunigen

Verwende Coroutinen zur Verwaltung nebenläufiger *logischer* Aufgaben, asynchroner Operationen und komplexer zustandsbehafteter Abläufe innerhalb eines einzelnen Threads. Verwende OS-Threads (oft über externe Bibliotheken oder die Lua C API), wenn du echte parallele Ausführung benötigst, um CPU-intensive Berechnungen auf Multi-Core-Prozessoren zu beschleunigen.

Kapitelzusammenfassung

In diesem Kapitel hast du dich mit Luas kooperativer Multitasking-Funktion beschäftigt: Coroutinen. Du hast gelernt, dass es sich um Funktionen handelt, die mit `coroutine.yield` suspendiert und mit `coroutine.resume` fortgesetzt werden können, was den Datenaustausch während dieser Übergänge erleichtert. Wir haben behandelt, wie man sie mit `coroutine.create` erstellt, ihren Status mit `coroutine.status` überprüft und die praktische `coroutine.wrap`-Funktion verwendet, um iteratorähnliche Funktionen zu erstellen. Wir haben gängige Anwendungsfälle wie Generatoren, asynchrone Simulation, Zustandsautomaten und das Produzent-Konsument-Muster untersucht. Entscheidend ist, dass wir kooperative Coroutinen, die in einem einzigen OS-Thread laufen, von präemptiven OS-Threads unterschieden haben, die zu echter Parallelität fähig sind.

Coroutinen sind ein ausgefeiltes Werkzeug in deinem Lua-Arsenal. Sie sind Teil von Luas Standardbibliothek, die viele weitere nützliche Werkzeuge für gängige Aufgaben bereitstellt. Im nächsten Kapitel machen wir eine Tour durch diese Standardbibliotheken und erkunden eingebaute Fähigkeiten für Mathematik, Betriebssysteminteraktion, Datei-I/O, Debugging und mehr.

12

Luas eingebaute Werkzeuge erkunden

Luas Kernsprache mit ihren Variablen, Kontrollstrukturen, Funktionen und Tabellen ist bemerkenswert einfach und elegant. Reale Programme müssen jedoch Aufgaben erfüllen, die über einfache Berechnungen hinausgehen – sie müssen Trigonometrie berechnen, mit dem Betriebssystem interagieren, Dateien lesen und schreiben, Datenstrukturen effizient manipulieren und manchmal sogar zur Fehlersuche unter die Haube schauen. Lua belastet seinen Kern nicht mit all dieser Funktionalität; stattdessen stellt es eine Sammlung von **Standardbibliotheken** bereit, das sind vorgefertigte Module, die automatisch in jeder Standard-Lua-Umgebung verfügbar sind. Diese Bibliotheken geben dir gebrauchsfertige Werkzeuge für eine breite Palette gängiger Aufgaben an die Hand und ersparen dir das Schreiben derselben von Grund auf. Dieses Kapitel nimmt dich mit auf eine geführte Tour durch die wichtigsten Standardbibliotheken und zeigt die Leistung und den Komfort, den sie bieten.

Die Macht der enthaltenen Bibliotheken

Stell dir die Lua-Kernsprache wie eine Basiswerkstatt mit essentiellen Werkzeugen wie Hämmern und Schraubendrehern vor. Die Standardbibliotheken sind wie spezialisierte Werkzeugkästen in den Regalen – ein Trigonometrie-Kit, ein Datei-Handling-Kit, ein System-Interaktions-Kit. Du *musst* sie nicht verwenden, aber sie sind da, wenn du sie brauchst, und erweitern enorm, was du bauen kannst, ohne dass du etwas Zusätzliches installieren musst. Zu lernen, was in diesen Bibliotheken verfügbar ist, verhindert, dass du „das Rad neu erfindest" und ermöglicht es dir, effiziente, gut getestete Implementierungen zu nutzen, die von den Lua-Erstellern selbst bereitgestellt werden.

Einige Standardbibliotheken haben wir bereits implizit kennengelernt: die `string`-Bibliothek (Kapitel 8) lieferte Funktionen wie `string.gsub`, und die `coroutine`-Bibliothek (Kapitel 11) gab uns `coroutine.create` und `coroutine.yield`. Erkunden wir nun die anderen.

Mathematische Muskeln

Die `math`-Bibliothek bietet eine Standardsammlung mathematischer Funktionen und Konstanten. Wenn du mehr als nur Grundrechenarten benötigst, ist diese Bibliothek dein Freund.

- **Trigonometrische Funktionen:** Arbeiten in *Radiant*, nicht Grad!

    - `math.sin(rad)`, `math.cos(rad)`, `math.tan(rad)`
    - `math.asin(wert)`, `math.acos(wert)`, `math.atan(wert)`
    - `math.atan2(y, x)` (Berechnet atan(y/x), behandelt Vorzeichen korrekt, um den Quadranten zu finden)
    - `math.rad(grad)`: Wandelt Grad in Radiant um.
    - `math.deg(rad)`: Wandelt Radiant in Grad um.

```
local winkel_grad = 45
local winkel_rad = math.rad(winkel_grad)
print(string.format("Sinus von %d Grad ist %.4f", winkel_grad,
math.sin(winkel_rad)))
-- Ausgabe: Sinus von 45 Grad ist 0.7071
```

- **Logarithmen und Exponentialfunktionen:**

    - `math.exp(x)`: Gibt e^x zurück.
    - `math.log(x, [basis])`: Gibt den Logarithmus von x zurück. Wenn basis weggelassen wird, ist es der natürliche Logarithmus (Basis e); andernfalls ist es $\log_{basis}(x)$. (Basis-Argument hinzugefügt in Lua 5.2+). `math.log10(x)` ist in Lua 5.1 für Basis 10 verfügbar.
    - `math.sqrt(x)`: Gibt die Quadratwurzel von x zurück (äquivalent zu x ^ 0.5).

- **Runden und Ganzzahl-/Bruchteile:**

  - `math.floor(x)`: Gibt die größte ganze Zahl kleiner oder gleich x zurück (rundet ab).
  - `math.ceil(x)`: Gibt die kleinste ganze Zahl größer oder gleich x zurück (rundet auf).
  - `math.modf(x)`: Gibt zwei Werte zurück: den ganzzahligen Teil von x und den Bruchteil von x.

```
print(math.floor(3.9)) -- Ausgabe: 3
print(math.ceil(3.1))  -- Ausgabe: 4
local ganzzahlTeil, bruchTeil = math.modf(-2.7)
print(ganzzahlTeil, bruchTeil) -- Ausgabe: -2      -0.7
```

- **Konstanten:**

  - `math.pi`: Der Wert von π (ungefähr 3.14159...).
  - `math.huge`: Ein Wert, der „Unendlichkeit" darstellt (größer als jede darstellbare Zahl). Nützlich für Vergleiche.

- **Zufallszahlen:**

  - `math.randomseed(n)`: Initialisiert den Pseudozufallszahlengenerator mit n als Seed. Rufe dies *einmal* zu Beginn deines Programms auf (z. B. `math.randomseed(os.time())`) für weniger vorhersagbare Sequenzen.
  - `math.random([m [, n]])`: Erzeugt Pseudozufallszahlen.
    - Ohne Argumente aufgerufen: Gibt einen Float zwischen 0.0 (einschließlich) und 1.0 (ausschließlich) zurück.
    - Mit einem Integer-Argument m aufgerufen: Gibt einen Integer zwischen 1 und m (einschließlich) zurück.
    - Mit zwei Integer-Argumenten m und n aufgerufen: Gibt einen Integer zwischen m und n (einschließlich) zurück.

```
math.randomseed(os.time()) -- Initialisiere den Generator (mit os.time,
siehe nächster Abschnitt)

print(math.random())       -- Ausgabe: (Ein zufälliger Float wie
0.723...)
print(math.random(6))      -- Ausgabe: (Ein zufälliger Integer 1-6, wie
ein Würfelwurf)
print(math.random(10, 20)) -- Ausgabe: (Ein zufälliger Integer 10-20)
```

- **Min/Max und Absolutwert:**

- math.min(x, ...): Gibt den Minimalwert unter seinen Argumenten zurück.
- math.max(x, ...): Gibt den Maximalwert unter seinen Argumenten zurück.
- math.abs(x): Gibt den Absolutwert von x zurück.
- **Andere Utilities (Lua 5.3+):** Enthält math.type(x) (gibt "integer", "float" oder nil zurück), math.tointeger(x) (konvertiert zu Integer, falls möglich), math.ult(m, n) (unsigned less than Vergleich).

Interaktion mit dem System

Die os-Bibliothek bietet Funktionen zur Interaktion mit dem zugrunde liegenden Betriebssystem, die Zeit, Dateien, Umgebungsvariablen und die Ausführung von Befehlen abdecken. Ihre Fähigkeiten können je nach Betriebssystem, auf dem Lua läuft, leicht variieren.

- **Zeit und Datum:**
    - os.time([tabelle]): Gibt die aktuelle Zeit als Zeitstempel zurück (normalerweise Sekunden seit der Epoche - 1. Jan. 1970). Wenn eine Tabelle mit den Feldern year, month, day, hour, min, sec, isdst übergeben wird, konvertiert es dieses Datum/diese Uhrzeit in einen Zeitstempel.
    - os.date([format [, zeit]]): Formatiert einen Zeitstempel (zeit, Standard ist aktuelle Zeit) in einen menschenlesbaren String gemäß dem format-String (ähnlich C's strftime). Wenn format mit ! beginnt, formatiert es in UTC; andernfalls verwendet es die lokale Zeitzone. Wenn format "*t" ist, gibt es eine Tabelle zurück, die die Datums-/Zeitkomponenten (year, month, day usw.) enthält.

```
local aktuelleZeit = os.time()
print("Zeitstempel:", aktuelleZeit) -- Ausgabe: Zeitstempel: (eine große
Ganzzahl wie 1678886400)

-- Aktuelle Zeit formatieren
local datumStr = os.date("%Y-%m-%d %H:%M:%S") -- ISO-ähnliches Format
print("Aktuelles Datum/Zeit:", datumStr) -- Ausgabe: Aktuelles
Datum/Zeit: 2023-03-15 14:00:00 (Beispiel)

-- Datumskomponenten als Tabelle erhalten
local datumTabelle = os.date("*t", aktuelleZeit)
```

```
print("Jahr:", datumTabelle.year, "Monat:", datumTabelle.month, "Tag:",
datumTabelle.day)
-- Ausgabe: Jahr: 2023 Monat: 3 Tag: 15 (Beispiel)
```

- os.clock(): Gibt die ungefähre CPU-Zeit zurück, die das Programm in Sekunden verbraucht hat (als Float). Nützlich für grundlegendes Benchmarking.

```
local start_cpu = os.clock()
-- Führe hier eine intensive Berechnung durch...
local dauer = os.clock() - start_cpu
print(string.format("Berechnung dauerte %.4f CPU-Sekunden", dauer))
```

- os.difftime(t2, t1): Gibt die Differenz in Sekunden zwischen zwei Zeitstempeln t2 und t1 zurück.

- **Dateisystemoperationen:** Diese interagieren direkt mit dem OS-Dateisystem. Sei vorsichtig!

  - os.rename(altername, neuername): Benennt eine Datei oder ein Verzeichnis um. Gibt true bei Erfolg zurück, nil + Fehlermeldung bei Misserfolg.
  - os.remove(dateiname): Löscht eine Datei. Gibt true bei Erfolg zurück, nil + Fehlermeldung bei Misserfolg.
  - os.execute([befehl]): Führt einen Betriebssystem-Shell-Befehl aus. Gibt einen Statuscode zurück (oft 0 für Erfolg, ungleich Null für Fehler, aber OS-abhängig). Wenn ohne Argumente aufgerufen, gibt true zurück, wenn eine Shell verfügbar ist. *Mit äußerster Vorsicht verwenden*, insbesondere bei benutzerdefinierten Eingaben, da dies ein Sicherheitsrisiko darstellen kann.

```
-- Beispiel: Prüfen, ob eine Datei existiert (mit Umbenennungstrick -
nicht ideal, io.open ist besser)
-- local erfolg, err = os.rename("meinedatei.txt", "meinedatei.txt")
-- if erfolg then print("Datei existiert") else print("Datei existiert
nicht oder Fehler:", err) end

-- Beispiel: Dateien im aktuellen Verzeichnis auflisten (OS-abhängiger
Befehl)
-- print("Führe 'ls' oder 'dir' aus:")
-- os.execute(package.config:sub(1,1) == '\\' and 'dir' or 'ls') --
Grundlegende OS-Erkennung
```

- **Umgebung:**

  - `os.getenv(varname)`: Gibt den Wert einer Umgebungsvariable var-name zurück, oder `nil`, wenn sie nicht definiert ist.
  - `os.setlocale(locale [, kategorie])` (Lua 5.3+): Setzt das aktuelle Locale für spezifische Kategorien (wie Zahlenformatierung, Zeitformatierung).

- **Beenden und Temporäre Dateien:**

  - `os.exit([code [, close]])`: Beendet das Hostprogramm. `code` ist normalerweise 0 für Erfolg, ungleich Null für Fehler. Wenn `close` true ist (Lua 5.2+), versucht es, den Lua-Zustand sauber zu schließen (Finalizer ausführen).
  - `os.tmpname()`: Gibt einen String zurück, der einen für eine temporäre Datei geeigneten Dateinamen enthält. *Hinweis: Dies liefert nur einen Namen; es erstellt die Datei nicht.*

Lesen und Schreiben

Die `io`-Bibliothek bietet Funktionen für Ein- und Ausgabeoperationen, die sich hauptsächlich auf das Lesen aus und Schreiben in Dateien oder die Standard-Ein-/Ausgabe-Streams konzentrieren.

- **Standard-Streams:** Lua unterhält Standard-Eingabe- und Ausgabe-Streams. Anfänglich sind dies normalerweise die Standardeingabe des Programms (Tastatur) und die Standardausgabe (Konsole).

  - `io.input([datei])`: Setzt den Standard-Eingabe-Stream auf `datei` (ein offener Dateihandle oder Dateiname). Ohne Argumente aufgerufen, gibt den aktuellen Standard-Eingabe-Stream-Handle zurück.
  - `io.output([datei])`: Setzt den Standard-Ausgabe-Stream. Ohne Argumente aufgerufen, gibt den aktuellen Standard-Ausgabe-Stream-Handle zurück.
  - `io.read(...)`: Liest Daten aus dem *Standard*-Eingabe-Stream gemäß angegebenen Formaten (siehe unten).
  - `io.write(...)`: Schreibt seine Argumente in den *Standard*-Ausgabe-Stream (ähnlich wie `print`, aber mit weniger Formatierung - keine Tabs zwischen Argumenten, kein automatischer Zeilenumbruch).

- **Explizites Arbeiten mit Dateien (Bevorzugt):** Es ist generell bessere Praxis, mit spezifischen Dateihandles zu arbeiten, anstatt sich auf die Standard-Streams zu verlassen.

  - **Dateien öffnen:** `io.open(dateiname [, modus])`

    - Öffnet die durch `dateiname` angegebene Datei im gegebenen `modus`.
    - Gibt bei Erfolg ein **Dateihandle**-Objekt zurück, oder `nil` + Fehlermeldung bei Misserfolg.
    - Gängige Modi:
      - `"r"`: Lesemodus (Standard).
      - `"w"`: Schreibmodus (überschreibt vorhandene Datei oder erstellt neue).
      - `"a"`: Anhängemodus (schreibt ans Ende oder erstellt neue).
      - `"r+"`: Lese-/Aktualisierungsmodus (Datei muss existieren).
      - `"w+"`: Schreib-/Aktualisierungsmodus (überschreibt oder erstellt).
      - `"a+"`: Anhänge-/Aktualisierungsmodus (schreibt ans Ende oder erstellt).
      - Hänge b an (z. B. `"rb"`, `"wb+"`) für Binärmodus (wichtig unter Windows, um Zeilenumbruch-Übersetzung zu verhindern).

```
local datei, err = io.open("meinedaten.txt", "w") -- Zum
Schreiben öffnen
if not datei then
  print("Fehler beim Öffnen der Datei:", err)
  return -- Beenden, wenn Öffnen fehlschlug
end
```

  - **Dateien schließen:** `datei:close()` **oder** `io.close(datei)`

    - Schließt den Dateihandle `datei` und leert alle gepufferten Ausgaben.
    - Es ist **entscheidend**, Dateien zu schließen, die du öffnest, insbesondere solche, die zum Schreiben geöffnet wurden, um sicherzustellen, dass alle Daten gespeichert und Ressourcen freigegeben werden. Die Verwendung von `datei:close()` ist

der idiomatische objektorientierte Stil. Gibt `true` bei Erfolg zurück, oder `nil` + Fehler bei Misserfolg.

```
-- ... in Datei schreiben ...
local erfolg, schliess_err = datei:close()
if not erfolg then
  print("Fehler beim Schließen der Datei:", schliess_err)
end
```

(Tipp: Verwende `pcall` um Dateioperationen und stelle sicher, dass `close` aufgerufen wird, auch wenn Fehler innerhalb des Blocks auftreten).

- **Aus Dateien lesen:** `datei:read(...)`

  - Liest Daten aus dem Dateihandle `datei` gemäß Formaten. Dieselben Formate wie `io.read`:
    - `"*n"`: Liest eine Zahl.
    - `"*a"`: Liest die gesamte Datei ab der aktuellen Position.
    - `"*l"`: Liest die nächste Zeile (ohne das Zeilenumbruchzeichen).
    - `"*L"`: Liest die nächste Zeile (einschließlich des Zeilenumbruchzeichens).
    - `zahl`: Liest einen String mit bis zu `zahl` Bytes.
  - Gibt die gelesenen Daten zurück, oder `nil` bei Dateiende.

```
local eingabeDatei, err = io.open("konfig.txt", "r")
if eingabeDatei then
  local ersteZeile = eingabeDatei:read("*l")
  print("Erste Zeile:", ersteZeile)
  local restDerDatei = eingabeDatei:read("*a")
  print("Rest der Datei:", restDerDatei)
  eingabeDatei:close()
end
```

- **In Dateien schreiben:** `datei:write(...)`

  - Schreibt seine Argumente (die Strings oder Zahlen sein sollten) in den Dateihandle `datei`. Gibt bei Erfolg den Dateihandle zurück, `nil` + Fehler bei Misserfolg.

```
local ausgabeDatei, err = io.open("log.txt", "a") -- Anhängemodus
if ausgabeDatei then
```

```
  ausgabeDatei:write(os.date(), " - Programm gestartet.\n")
  ausgabeDatei:write("Verarbeitetes Element: ",
tostring(irgendeinElement), "\n")
  ausgabeDatei:close()
end
```

- **Über Zeilen iterieren:** `datei:lines(...)`

  - Gibt eine Iteratorfunktion zurück (zur Verwendung in einer
    generischen `for`-Schleife), die die Datei Zeile für Zeile liest.
    Akzeptiert dieselben Leseformate wie `datei:read()`. Stand-
    ardmäßig (`"*l"`) iteriert sie über Zeilen ohne das Zeilenum-
    bruchzeichen.

```
local zeilenInDatei, err = io.open("eingabe.txt", "r")
if zeilenInDatei then
  local anzahl = 0
  for zeile in zeilenInDatei:lines() do -- Standard ist '*l'-
Format
    anzahl = anzahl + 1
    print(string.format("Zeile %d: %s", anzahl, zeile))
  end
  zeilenInDatei:close() -- Wichtig!
else
  print("Konnte eingabe.txt nicht öffnen:", err)
end
```

- **Positionieren:** `datei:seek([wohin [, offset]])`

  - Setzt die aktuelle Dateiposition.
  - `wohin` (String): `"set"` (vom Anfang), `"cur"` (von aktueller Posi-
    tion, Standard), `"end"` (vom Ende).
  - `offset` (Zahl): Byte-Offset relativ zu `wohin` (Standard 0).
  - Gibt die endgültige Dateiposition (vom Anfang) zurück oder
    `nil` + Fehler.

Unter die Haube schauen

Die `debug`-Bibliothek bietet Funktionen zur Introspektion – zur Untersuchung des
Programmzustands, insbesondere des Ausführungsstacks und von Variableninforma-
tionen. Sie ist primär für die Erstellung von Debuggern und Diagnosewerkzeugen

gedacht, **nicht für allgemeine Anwendungslogik.** Ihre unvorsichtige Verwendung kann interne Details offenlegen und potenziell Probleme verursachen.

- `debug.getinfo(func | level, [was])`: Gibt eine Tabelle mit Informationen über eine Funktion oder eine Stack-Ebene zurück. `was` ist ein String, der angibt, welche Felder eingeschlossen werden sollen (z. B. `"n"` für Name, `"S"` für Quellcode-/Zeileninfo, `"l"` für aktuelle Zeile, `"u"` für Anzahl der Upvalues, `"f"` für die Funktion selbst).
- `debug.getlocal(level | func, localnum)`: Gibt den Namen und Wert der lokalen Variablen mit Index `localnum` auf der gegebenen Stack-Ebene oder für die gegebene `func` zurück.
- `debug.getupvalue(func, upnum)`: Gibt den Namen und Wert des Upvalues (einer nicht-lokalen Variable, auf die von einer Closure zugegriffen wird, siehe Kapitel 5) mit Index `upnum` für die gegebene Funktion `func` zurück.
- `debug.traceback([nachricht [, level]])`: Gibt einen String mit einem Stack-Traceback zurück, ähnlich dem, was bei einem Fehler angezeigt wird. Nützlich zur Protokollierung detaillierten Fehlerkontexts (wie im `xpcall`-Beispiel in Kapitel 9 gesehen).
- `debug.debug()`: Betritt einen interaktiven Debug-Modus (konsolenbasiert), der die Inspektion des Stacks usw. ermöglicht. Erfordert Benutzerinteraktion.
- **Hooks:** `debug.sethook(...)`, `debug.gethook()` ermöglichen das Setzen von Funktionen, die bei bestimmten Ereignissen aufgerufen werden (Zeilenaus-führung, Funktionsaufrufe/-rückgaben). Dies ist die Grundlage für Schritt-für-Schritt-Debugger.

Verwende die `debug`-Bibliothek sparsam und hauptsächlich für Debugging-Zwecke.

Tabellen-Utilities

Obwohl Tabellen zentral für Lua sind (Kapitel 6), bietet die Kernsprache nur den Kon-struktor `{}` und die Indizierung `[]`/`..`. Die `table`-Bibliothek bietet essentielle Hilfs-funktionen zur Manipulation von Tabellen, insbesondere wenn sie als Listen/Arrays verwendet werden.

- **Sortieren:** `table.sort(tbl, [compfunc])`
  - Sortiert die Elemente der Tabelle `tbl` **in-place** (modifiziert die Origin-altabelle).
  - Arbeitet auf dem Listenteil (ganzzahlige Schlüssel 1 bis `#tbl`).
  - Verwendet standardmäßig den `<`-Operator für den Vergleich.

- Nimmt optional eine Vergleichsfunktion `compfunc(a, b)` entgegen, die true zurückgeben sollte, wenn a in der sortierten Reihenfolge vor b kommen soll.

```lua
local zahlen = { 5, 1, 10, 3, -2 }
table.sort(zahlen)
print(table.concat(zahlen, ", ")) -- Ausgabe: -2, 1, 3, 5, 10

local woerter = { "Banane", "Apfel", "Kirsche" }
-- Standardsortierung ist case-sensitive
table.sort(woerter)
print(table.concat(woerter, ", ")) -- Ausgabe: Apfel, Banane, Kirsche

-- Sortieren ohne Berücksichtigung der Groß-/Kleinschreibung
table.sort(woerter, function(a, b) return string.lower(a) <
string.lower(b) end)
print(table.concat(woerter, ", ")) -- Ausgabe: Apfel, Banane, Kirsche
```

- **Elemente einfügen:** `table.insert(tbl, [pos,] wert)`

  - Fügt wert in Tabelle `tbl` an der ganzzahligen Position pos ein.
  - Wenn pos weggelassen wird, wird am Ende eingefügt (`#tbl + 1`).
  - Elemente bei oder nach pos werden nach oben verschoben, um Platz zu schaffen.

```lua
local buchstaben = { "a", "c", "d" }
table.insert(buchstaben, 2, "b") -- Füge "b" an Position 2 ein
print(table.concat(buchstaben, "")) -- Ausgabe: abcd
table.insert(buchstaben, "e") -- Füge "e" am Ende ein
print(table.concat(buchstaben, "")) -- Ausgabe: abcde
```

- **Elemente entfernen:** `table.remove(tbl, [pos])`

  - Entfernt (und gibt zurück) das Element an der ganzzahligen Position pos in Tabelle `tbl`.
  - Wenn pos weggelassen wird, wird das *letzte* Element (`#tbl`) entfernt.
  - Elemente nach pos werden nach unten verschoben, um die Lücke zu füllen, wodurch die Sequenz dicht bleibt (wichtig, damit # korrekt funktioniert).

```lua
local elemente = { 10, 20, 30, 40, 50 }
local entferntesElement = table.remove(elemente, 3) -- Entferne Element
bei Index 3 (30)
```

```
print("Entfernt:", entferntesElement)          -- Ausgabe: Entfernt: 30
print(table.concat(elemente, ", "))        -- Ausgabe: 10, 20, 40, 50

local letztesElement = table.remove(elemente) -- Entferne letztes
Element (50)
print("Letztes entfernt:", letztesElement)          -- Ausgabe: Letztes
entfernt: 50
print(table.concat(elemente, ", "))          -- Ausgabe: 10, 20, 40
```

- **Elemente verketten:** `table.concat(tbl, [sep,] [i,] [j])`

  - Gibt einen String zurück, der durch Verkettung der Elemente der Tabelle `tbl` von Index `i` (Standard 1) bis `j` (Standard `#tbl`) gebildet wird.
  - Ein optionaler Trennstring `sep` (Standard leerer String `""`) kann zwischen den Elementen eingefügt werden.
  - Elemente müssen Strings oder Zahlen sein (die in Strings konvertiert werden).

```
local teile = { "Lua", "ist", "lustig" }
local satz = table.concat(teile, " ")
print(satz) -- Ausgabe: Lua ist lustig

local daten = { 1, 2, 3, 4, 5 }
local csv = table.concat(daten, ",", 2, 4) -- Elemente 2 bis 4 mit ','
als Trennzeichen
print(csv) -- Ausgabe: 2,3,4
```

- **Packen/Entpacken (Variable Argumente):** `table.pack(...)` **und** `table.unpack(tbl, [i,] [j])`

  - `table.pack(...)`: Nimmt eine variable Anzahl von Argumenten entgegen und gibt eine neue Tabelle zurück, die alle Argumente in den ganzzahligen Schlüsseln (1, 2, ...) enthält, plus ein zusätzliches Feld `"n"`, das die Gesamtzahl der Argumente enthält. Nützlich zur Handhabung von Varargs (`...`), die an eine Funktion übergeben werden (ähnlich wie `{...}`, fügt aber das `"n"`-Feld hinzu).
  - `table.unpack(tbl, [i,] [j])`: Nimmt eine Tabelle `tbl` entgegen und gibt ihre Elemente (von Index `i` bis `j`) als separate Rückgabewerte zurück. Nützlich, um Tabellenelemente als separate Argumente an eine andere Funktion zu übergeben. (In Lua 5.1 war dies eine globale Funktion unpack).

```
function druckeGepackt(...)
  local args = table.pack(...)
  print("Anzahl der Argumente:", args.n)
  for i = 1, args.n do
    print(" Arg", i, ":", args[i])
  end
end
druckeGepackt("a", true, 10)

local meineArgs = { "Hallo", "Welt" }
-- Übergebe Elemente von meineArgs als separate Args an print:
print(table.unpack(meineArgs)) -- Ausgabe: Hallo   Welt
```

Unicode handhaben

Standard-Lua-Stringfunktionen (wie # und `string.sub`) operieren auf **Bytes**. Dies funktioniert gut für ASCII, wo ein Byte einem Zeichen entspricht. Bei Kodierungen wie UTF-8 jedoch, bei denen Zeichen mehrere Bytes umfassen können, können diese Funktionen falsche Ergebnisse liefern, wenn du Zeichenzählungen erwartest oder nach Zeichenposition indizieren möchtest. Lua 5.3 führte die `utf8`-Bibliothek ein, um UTF-8-kodierte Strings korrekt zu handhaben.

- `utf8.len(s, [i], [j])`: Gibt die Anzahl der UTF-8-**Zeichen** im String s zurück (optional zwischen den Byte-Positionen i und j). Gibt nil + Position zurück, wenn die Sequenz kein gültiges UTF-8 ist.

  ```
  local s_utf8 = "你好世界" -- "Hallo Welt" auf Chinesisch (3 Bytes pro
  Zeichen)
  print(#s_utf8)          -- Ausgabe: 12 (Anzahl der Bytes)
  print(utf8.len(s_utf8)) -- Ausgabe: 4  (Anzahl der Zeichen)
  ```

- `utf8.codes(s)`: Gibt eine Iteratorfunktion (für for-Schleifen) zurück, die den Unicode-Codepunkt (einen Integer) für jedes Zeichen im String s liefert.

  ```
  for codePunkt in utf8.codes("Hi Ω") do
    print(codePunkt) -- Ausgabe: 72 (H), 105 (i), 32 (Leerz.), 937 (Omega)
  end
  ```

- `utf8.char(...)`: Nimmt Integer-Unicode-Codepunkte entgegen und gibt einen in UTF-8 kodierten String zurück.

- `utf8.offset(s, n, [i])`: Gibt die Byte-Position (Offset) im String s zurück, die dem n-ten Zeichen entspricht (beginnend bei Byte-Position i).

Die `utf8`-Bibliothek ist unerlässlich, wenn deine Lua-Anwendung Text korrekt verarbeiten muss, der Zeichen außerhalb des grundlegenden ASCII-Bereichs enthält.

Kapitelzusammenfassung

Dieses Kapitel bot eine Tour durch Luas mächtige Standardbibliotheken und zeigte, dass Lua viel mehr bietet als nur seine Kernsyntax. Du hast die `math`-Bibliothek für Berechnungen kennengelernt, `os` für Systeminteraktion (Zeit, Dateien, Befehle, Umgebung), `io` für detaillierte Datei-Ein-/Ausgabe, die `debug`-Bibliothek zur Introspektion (mit Vorsicht zu genießen!), die unverzichtbare `table`-Bibliothek zum Sortieren, Einfügen, Entfernen und Verketten von listenartigen Tabellen und schließlich die `utf8`-Bibliothek (Lua 5.3+) zur korrekten Handhabung von Mehrbyte-UTF-8-Zeichen. Die Vertrautheit mit diesen Bibliotheken ist der Schlüssel zum schnellen Schreiben effektiven Lua-Codes, indem eingebaute Werkzeuge für gängige Programmieraufgaben genutzt werden.

Ein Hintergrundprozess, den wir noch nicht besprochen haben, ist, wie Lua den Speicher verwaltet. Du erstellst Strings, Tabellen und Funktionen, aber du löschst sie selten explizit. Wie verhindert Lua, dass der Speicher vollläuft? Die Antwort liegt in der automatischen Speicherverwaltung durch **Garbage Collection**, die wir im nächsten Kapitel untersuchen werden.

13

Automatische Speicherverwaltung

Während unserer bisherigen Reise haben wir Variablen, Strings, Tabellen (viele Tabellen!) und Funktionen erstellt, ohne uns explizit um das Aufräumen danach zu kümmern. Wenn eine Variable ihren Gültigkeitsbereich verlässt (Kapitel 5) oder eine Tabelle nicht mehr referenziert wird (Kapitel 6), was passiert mit dem Speicher, den sie belegt hat? In Sprachen wie C oder C++ ist der Programmierer dafür verantwortlich, Speicher manuell zuzuweisen, wenn er benötigt wird, und, was entscheidend ist, ihn wieder freizugeben (deallozieren), wenn er nicht mehr benötigt wird. Das Vergessen der Speicherfreigabe führt zu **Speicherlecks**, bei denen das Programm im Laufe der Zeit immer mehr Speicher verbraucht und schließlich abstürzt oder das System verlangsamt. Speicher zu früh oder mehr als einmal freizugeben, führt zu Abstürzen oder beschädigten Daten (Dangling Pointers, Double Frees). Manuelle Speicherverwaltung ist mächtig, aber notorisch fehleranfällig.

Lua verfolgt einen anderen Ansatz und befreit dich von dieser Last durch **automatische Speicherverwaltung**, allgemein bekannt als **Garbage Collection (GC)**. Luas Garbage Collector läuft periodisch im Hintergrund, identifiziert Speicherbereiche, die von deinem Programm nicht mehr verwendet werden, und gibt diesen Speicher wieder frei, sodass er für zukünftige Verwendung zur Verfügung steht. Dieses Kapitel entmystifiziert Luas GC, erklärt die Kernkonzepte seiner Funktionsweise, wie du ihn mit schwachen Tabellen und Finalizern beeinflussen kannst und wie du bei Bedarf mit dem Collector interagieren kannst.

Speicher (meistens) vergessen

Die Schönheit der automatischen Garbage Collection liegt darin, dass du die meiste Zeit einfach nicht über Speicherzuweisung oder -freigabe nachdenken musst. Du erstellst Tabellen, Strings, Funktionen usw., und Lua findet heraus, wann sie nicht mehr benötigt werden, und räumt sie auf.

```
function erstelleDaten()
  local tempTabelle = { nachricht = "Temporäre Daten" }
  local langerString = string.rep("abc", 1000) -- Erstelle einen 3000-Byte-
String
  -- Mach etwas mit tempTabelle und langerString
  print("Innerhalb der Funktion:", tempTabelle.nachricht)
  -- Wenn die Funktion zurückkehrt, werden tempTabelle und langerString
unerreichbar
  -- (angenommen, keine Closures haben sie erfasst oder sie wurden nicht
zurückgegeben/anderswo gespeichert)
end

erstelleDaten() -- Funktion wird ausgeführt
-- Nachdem erstelleDaten() zurückkehrt, wird der von der Tabelle und dem langen
-- String darin verwendete Speicher für die Garbage Collection freigegeben.
-- Luas GC wird ihn schließlich automatisch zurückfordern.
```

Dies vereinfacht die Programmierung erheblich und eliminiert eine ganze Klasse schwieriger Speicherverwaltungsfehler, die in anderen Sprachen häufig vorkommen.

Wie Lua den Müll findet

Woher *weiß* Lua, welcher Speicher „Müll" ist und welcher noch benötigt wird? Das Kernprinzip ist die **Erreichbarkeit**. Ein Objekt (wie eine Tabelle, ein String, eine Funktion, Userdata oder ein Thread) gilt als „lebendig" (kein Müll), wenn es erreicht werden kann, indem man einer Kette von Referenzen folgt, die von einem Satz bekannter „Wurzeln" ausgeht.

Was sind die Wurzeln? Wurzeln sind die fundamentalen Orte, an denen Lua weiß, dass lebendige Objekte existieren müssen:

1. **Die Globale Tabelle (_G):** Jedes Objekt, das direkt oder indirekt von einer globalen Variable referenziert wird, ist erreichbar.

2. **Der Ausführungs-Stack:** Lokale Variablen und temporäre Werte, die derzeit von aktiven Funktionen verwendet werden, sind erreichbar.

3. **Upvalues:** Lokale Variablen aus umschließenden Funktionen, die von aktiven Closures erfasst werden (wie in Kapitel 5 besprochen), halten diese Variablen (und die Objekte, auf die sie verweisen) erreichbar, solange die Closure selbst erreichbar ist.

4. **Die debug-Bibliothek und C-Registry (Fortgeschritten):** Andere interne Strukturen können ebenfalls als Wurzeln fungieren.

Die Erreichbarkeits-Analogie: Stell dir alle deine Lua-Objekte als Inseln vor, die in einem Ozean treiben. Einige Inseln haben Brücken (Referenzen), die sie mit anderen Inseln verbinden. Es gibt einige Ankerpunkte auf dem Festland (die Wurzeln). Jede Insel, die du erreichen kannst, indem du an einem Ankerpunkt beginnst und Brücken überquerst, gilt als „lebendig". Jede Insel, die keinen Weg zurück zum Festland hat, gilt als „Müll" – sie treibt frei und kann sicher entfernt werden.

Luas Garbage-Collection-Algorithmus

Lua verwendet einen hochentwickelten **inkrementellen Mark-and-Sweep** Garbage Collector. Während die genauen Details über die Lua-Versionen hinweg weiterentwickelt wurden, bleibt die grundlegende Idee ähnlich:

1. **Markierungsphase (Mark Phase):**

   - Der Collector beginnt bei den Wurzeln (Globals, Stack usw.).
   - Er durchläuft alle erreichbaren Objekte und folgt dabei Referenzen (wie Tabellenschlüssel/-werte, die auf andere Objekte zeigen).
   - Jedes erreichte Objekt wird als „lebendig" markiert (konzeptionell, stell dir vor, es wird weiß angemalt). Anfänglich könnten alle Objekte als „grau" oder „schwarz" betrachtet werden (noch nicht verarbeitet oder als tot bestätigt).
   - **Inkrementell:** Diese Markierung geschieht normalerweise nicht auf einmal, was eine merkliche Pause in deinem Programm verursachen könnte. Stattdessen erledigt der GC einen kleinen Teil der Markierungsarbeit, lässt deinen Lua-Code dann eine Weile laufen, erledigt dann mehr Markierungsarbeit und so weiter. Dies verteilt die GC-Arbeit über die Zeit und reduziert Pausen.

2. **Aufräumphase (Sweep Phase):**

- Sobald die Markierungsphase glaubt, alle erreichbaren Objekte identifiziert zu haben, beginnt die Aufräumphase.
- Der Collector untersucht *alle* von Lua verwalteten Objekte.
- Jedes Objekt, das während der Markierungsphase *nicht* als lebendig markiert wurde, gilt als Müll.
- Der von diesen unmarkierten Objekten belegte Speicher wird zurückgefordert und dem Pool des verfügbaren Speichers wieder hinzugefügt.
- **Inkrementell:** Auch diese Phase kann inkrementell ablaufen und jeweils einen Teil des Speichers aufräumen.

3. **Atomare Phase:** Obwohl der größte Teil der Arbeit inkrementell ist, gibt es typischerweise sehr kurze Phasen, in denen die Lua-Ausführung kurz pausieren *muss*, damit der GC Synchronisierungsaufgaben sicher durchführen kann (z. B. das Starten der Markierung oder das Beenden der Aufräumphase). Luas GC ist darauf ausgelegt, diese Pausen so kurz wie möglich zu halten (oft Millisekunden oder weniger).

Moderne Lua-Versionen (wie 5.4) integrieren auch Techniken wie Generationen-Garbage-Collection, die den Prozess optimieren, indem sie beobachten, dass neu erstellte Objekte oft viel schneller zu Müll werden als ältere Objekte. Der Collector konzentriert sich möglicherweise häufiger auf das Scannen jüngerer Objekte.

Wichtige Erkenntnis: Du musst die genauen Algorithmusschritte nicht auswendig lernen. Das wichtige Konzept ist, dass Lua automatisch Speicher für Objekte zurückfordert, die vom Kern deines laufenden Programms nicht mehr erreichbar sind.

Schwache Referenzen

Normalerweise, wenn Tabelle A eine Referenz auf Tabelle B enthält (z. B. A.feld = B), verhindert diese Referenz, dass B vom Garbage Collector eingesammelt wird, solange A selbst erreichbar ist. Dies wird als **starke Referenz** bezeichnet.

Aber was ist, wenn du Daten mit einem Objekt assoziieren möchtest, ohne zu verhindern, dass dieses Objekt eingesammelt wird, wenn *nichts anderes* darauf verweist? Oder was ist, wenn du einen Cache erstellen möchtest, in dem die zwischengespeicherten Elemente automatisch verschwinden, wenn sie an anderer Stelle im Programm nicht mehr verwendet werden? Hier kommen **schwache Tabellen** (weak tables) ins Spiel.

Eine schwache Tabelle enthält **schwache Referenzen** auf ihre Schlüssel, ihre Werte oder beides. Eine schwache Referenz verhindert *nicht*, dass das referenzierte Objekt vom Garbage Collector eingesammelt wird.

Du steuerst die „Schwäche" einer Tabelle über das `__mode`-Feld in ihrer **Metatabelle** (Kapitel 7). Der Wert von `__mode` sollte ein String sein, der enthält:

- `"k"`: Macht die **Schlüssel** der Tabelle schwach.
- `"v"`: Macht die **Werte** der Tabelle schwach.
- `"kv"`: Macht sowohl **Schlüssel als auch Werte** schwach.

Schwache Werte (`__mode = "v"`)

Wenn eine Tabelle schwache Werte hat, wird ein darin gespeicherter Wert eingesammelt, wenn die *einzige* Referenz auf diesen Wert aus dieser schwachen Tabelle stammt. Wenn der Wert eingesammelt wird, wird das Schlüssel-Wert-Paar aus der schwachen Tabelle entfernt.

Anwendungsfall: Caching Stell dir vor, du speicherst rechenintensive Ergebnisse zwischen. Du möchtest, dass der Cache das Ergebnis so lange hält, wie etwas anderes es aktiv verwendet, aber du möchtest, dass das Ergebnis automatisch aus dem Cache verschwindet, wenn es anderswo ungenutzt wird.

```
-- cache wird schwache Referenzen auf die Ergebnistabellen halten
local cache = {}
setmetatable(cache, { __mode = "v" }) -- Mache WERTE schwach

function getAufwendigeDaten(id)
  -- Prüfe, ob Daten bereits im Cache sind
  if cache[id] then
    print("Gebe gecachte Daten für ID zurück:", id)
    return cache[id]
  end

  print("Berechne aufwendige Daten für ID:", id)
  local daten = { ergebnis = string.rep(tostring(id), 5) } -- Simuliere
Berechnung
  cache[id] = daten -- Im Cache speichern (schwach referenziert)
  return daten
end

-- --- Verwendung ---
local daten1 = getAufwendigeDaten(1) -- Berechnen
print("Daten 1:", daten1.ergebnis)
```

```
collectgarbage("collect") -- Erzwinge einen GC-Zyklus (zur Demonstration)
print("Cache-Eintrag für 1 existiert noch, da 'daten1' eine starke Ref. hält.")
print("Cache[1] =", cache[1])

local daten2 = getAufwendigeDaten(2) -- Berechnen
print("Daten 2:", daten2.ergebnis)

daten1 = nil -- Entferne die *einzige* starke Referenz auf die Daten für ID 1

print("\nStarke Referenz auf daten1 entfernt.")
collectgarbage("collect") -- Erzwinge einen weiteren GC-Zyklus

print("Cache-Eintrag für 1 sollte jetzt weg sein:")
print("Cache[1] =", cache[1]) -- Ausgabe: Cache[1] = nil (Wert wurde
eingesammelt)
print("Cache-Eintrag für 2 existiert noch, da 'daten2' eine starke Ref. hält.")
print("Cache[2] =", cache[2]) -- Ausgabe: Cache[2] = table: 0x......
```

Schwache Schlüssel (`__mode = "k"`)

Wenn eine Tabelle schwache Schlüssel hat, wird ein Schlüssel-Wert-Paar entfernt, wenn die *einzige* Referenz auf das **Schlüsselobjekt** aus dieser schwachen Tabelle stammt. Dies ist weniger häufig als schwache Werte, aber nützlich, um Daten mit Objekten zu assoziieren, die du nicht „besitzt".

Anwendungsfall: Objekt-Metadaten Angenommen, du hast Objekte (vielleicht Userdata aus C oder Tabellen, die etwas Externes repräsentieren) und möchtest zusätzliche Lua-seitige Informationen daran anhängen, ohne zu verhindern, dass die ursprünglichen Objekte eingesammelt werden, wenn sie ihren Gültigkeitsbereich verlassen.

```
local metadaten = {}
setmetatable(metadaten, { __mode = "k" }) -- Mache SCHLÜSSEL schwach

function erstelleObjekt(name)
  local obj = { name = name } -- Simuliere ein Objekt
  metadaten[obj] = { letzter_zugriff = os.time() } -- Assoziiere Metadaten
  return obj
end

local objA = erstelleObjekt("Objekt A")
local objB = erstelleObjekt("Objekt B")

print("Metadaten für objA:", metadaten[objA].letzter_zugriff)
```

```lua
print("Metadaten für objB:", metadaten[objB].letzter_zugriff)

objA = nil -- Entferne die einzige starke Referenz auf das Schlüsselobjekt
'objA'

print("\nStarke Referenz auf objA entfernt.")
collectgarbage("collect") -- Erzwinge GC

print("Metadaten für objA sollten weg sein:")
-- Der Zugriff auf metadaten[objA] könnte jetzt nil oder einen Fehler ergeben,
wenn objA wirklich eingesammelt wurde
-- Wir können durch Iteration prüfen (pairs zeigt es möglicherweise nicht sofort
nach GC an)
local gefundenA = false
for k, v in pairs(metadaten) do
    -- Ein Vergleich wie k == objA könnte fehlschlagen, wenn objA weg ist
    -- Eine bessere Prüfung könnte der Vergleich des Namens sein, falls im
Metadatenwert verfügbar
    if k and k.name then -- Prüfe, ob Schlüssel noch gültig ist, bevor auf Feld
zugegriffen wird
        print(" Verbleibender Schlüsselname:", k.name)
        -- Hier könnte man prüfen, ob k.name == "Objekt A"
    else
        -- Schlüssel könnte bereits ungültig sein, wenn GC aggressiv war
    end
end
-- Da der Vergleich schwierig ist, verlassen wir uns auf die Beobachtung, dass
es fehlen sollte.
-- In realem Code würde man dies anders prüfen oder sich darauf verlassen, dass
der Zugriff nil ergibt.
print(" Metadaten für Objekt A scheinen eingesammelt (Schlüssel ist weg).")

print("Metadaten für objB:", metadaten[objB].letzter_zugriff) -- Existiert noch
```

(Hinweis: Die Demonstration der Sammlung schwacher Schlüssel ist ohne Userdata schwierig, da der Vergleich eingesammelter Tabellenschlüssel mehrdeutig sein kann. Das Prinzip gilt: Wenn das Schlüsselobjekt weg ist, wird der Eintrag entfernt).

Code vor der Bereinigung ausführen

Was ist, wenn ein von Lua verwaltetes Objekt (wie Userdata, das einen C-Dateihandle repräsentiert, oder eine Tabelle, die Netzwerkressourcen verwaltet) eine Bereinigungsaktion durchführen muss, kurz bevor es vom Garbage Collector eingesammelt wird? Lua bietet dafür die __gc-Metamethode.

Wenn eine Tabelle oder Userdata eine Metatabelle mit einem __gc-Feld hat und ein Objekt dieses Typs eingesammelt werden soll (weil es unerreichbar wurde), wird Lua:

1. Das Objekt als „finalisiert" markieren.
2. Das Objekt in eine spezielle Liste von Objekten legen, die auf die Finalisierung warten.
3. Später (normalerweise während eines nachfolgenden GC-Zyklus) holt Lua die mit dem Objekt assoziierte __gc-Metamethode und ruft sie auf, wobei das Objekt selbst als einziges Argument übergeben wird.
4. Erst nachdem die __gc-Methode aufgerufen wurde (und möglicherweise immer noch in einem späteren Zyklus), wird der Speicher des Objekts tatsächlich zurückgefordert.

```lua
local DateiWrapperMeta = {}
DateiWrapperMeta.__index = DateiWrapperMeta -- Erlaube Methodenaufrufe

function DateiWrapperMeta:__gc()
  print("GC ausgelöst für DateiWrapper:", self.dateiname)
  if self.handle and not self.geschlossen then
    print("  Schließe Datei-Handle für:", self.dateiname)
    -- In einem realen Szenario mit Userdata würde dies die C-Schließfunktion
aufrufen
    self.geschlossen = true
    -- self.handle:close() -- Wenn handle ein echtes Lua-Dateiobjekt wäre
  end
end

function erstelleWrapper(dateiname)
  print("Erstelle Wrapper für:", dateiname)
  local wrapper = {
    dateiname = dateiname,
    handle = io.open(dateiname, "w"), -- Simuliere das Erhalten eines
Ressourcen-Handles
    geschlossen = false
  }
  if not wrapper.handle then return nil end -- Fehler beim Öffnen behandeln
  return setmetatable(wrapper, DateiWrapperMeta)
end

-- Erstelle einen Wrapper, schreibe hinein, verliere dann die Referenz
local fw = erstelleWrapper("temp_gc_datei.txt")
if fw then
  fw.handle:write("Daten zur Finalisierung.\n")
  -- Schließe fw.handle hier absichtlich NICHT
end
```

```
fw = nil -- Verliere die einzige starke Referenz auf die Wrapper-Tabelle

print("\nReferenz auf DateiWrapper verloren. Erzwinge GC...")
collectgarbage("collect") -- GC identifiziert fw als Müll, markiert zur
Finalisierung
print("GC-Zyklus 1 beendet. Finalizer wurde möglicherweise noch nicht
ausgeführt.")
collectgarbage("collect") -- Nächster GC-Zyklus führt wahrscheinlich die
anstehenden Finalizer aus
print("GC-Zyklus 2 beendet.")

-- Räume die vom Beispiel erstellte temporäre Datei auf
os.remove("temp_gc_datei.txt")
```

Ausgabe (Reihenfolge der GC-Meldungen kann leicht variieren):

```
Erstelle Wrapper für: temp_gc_datei.txt

Referenz auf DateiWrapper verloren. Erzwinge GC...
GC-Zyklus 1 beendet. Finalizer wurde möglicherweise noch nicht ausgeführt.
GC ausgelöst für DateiWrapper: temp_gc_datei.txt
  Schließe Datei-Handle für: temp_gc_datei.txt
GC-Zyklus 2 beendet.
```

Wichtige Überlegungen zu __gc:

- **Hauptanwendung:** Essentiell für die Freigabe externer Ressourcen (C-Speicher, Dateihandles, Sockets, Datenbankverbindungen, Locks), die von Userdata verwaltet werden. Weniger häufig für reine Lua-Tabellen benötigt, es sei denn, sie verwalten externen Zustand indirekt.
- **Keine garantierte Reihenfolge:** Wenn mehrere Objekte mit Finalizern im selben Zyklus unerreichbar werden, ist die Reihenfolge, in der ihre __gc-Methoden aufgerufen werden, nicht festgelegt.
- **Wiederbelebung:** Vermeide es, *innerhalb* der __gc-Methode eines Objekts neue starke Referenzen darauf zu erstellen. Dies kann das Objekt „wiederbeleben" und verhindern, dass sein Speicher in diesem Zyklus zurückgefordert wird (obwohl es später eingesammelt werden könnte, wenn auch die neue Referenz fallen gelassen wird).
- **Fehler:** Fehler, die innerhalb einer __gc-Methode auftreten, werden normalerweise von Lua abgefangen und gemeldet (oft nach stderr), aber sie

stoppen normalerweise nicht die Finalisierung anderer Objekte oder den GC-Prozess selbst.

Interaktion mit dem Garbage Collector

Obwohl Luas GC automatisch ist, bietet die `collectgarbage()`-Funktion eine Möglichkeit, direkt mit ihm zu interagieren oder sein Verhalten anzupassen. Im Allgemeinen **musst du** dies in typischen Anwendungen **nicht aufrufen**. Luas adaptiver GC leistet normalerweise von sich aus gute Arbeit.

Gängige opt-Strings für `collectgarbage(opt, [arg])`:

- `"collect"`: Führt einen *vollständigen* Garbage-Collection-Zyklus durch (Markierung und Aufräumen). Sparsam verwenden, vielleicht nur während Leerlaufzeiten oder zum Debuggen, da es eine merkliche Pause verursachen kann.
- `"stop"`: Stoppt das automatische Ausführen des Garbage Collectors. **Mit äußerster Vorsicht verwenden!** Wenn du den GC stoppst und dein Programm weiterhin Speicher allokiert, wird es schließlich keinen Speicher mehr haben und abstürzen.
- `"restart"`: Startet den automatischen Garbage Collector neu, falls er zuvor gestoppt wurde.
- `"count"`: Gibt den gesamten derzeit von Lua genutzten Speicher zurück (in Kilobytes, als Gleitkommazahl). Nützlich zur Überwachung der Speichernutzung.
- `"step"`: Führt einen einzelnen inkrementellen GC-Schritt durch. Die optionale `arg`-Zahl steuert, wie viel Arbeit erledigt wird (in einer internen Einheit). Gibt `true` zurück, wenn der Schritt einen vollständigen GC-Zyklus abgeschlossen hat. Kann verwendet werden, um GC-Arbeit explizit während Leerlaufperioden der Anwendung durchzuführen, anstatt sich ausschließlich auf die automatische Auslösung zu verlassen.
- `"isrunning"`: (Lua 5.1+) Gibt `true` zurück, wenn der automatische Collector läuft (nicht gestoppt wurde).
- `"setpause"`: Setzt den „Pause"-Wert des Collectors (als Prozentsatz, `arg`). Ein Wert von 200 (der Standard) bedeutet, dass der Collector wartet, bis sich der Gesamtspeicher verdoppelt hat, bevor er nach Abschluss eines Zyklus einen neuen beginnt. Niedrigere Werte lassen den GC aggressiver laufen (häufiger); höhere Werte lassen ihn seltener laufen.
- `"setstepmul"`: Setzt den „Schrittmultiplikator" des Collectors (als Prozentsatz, `arg`). Dies steuert, wie viel Arbeit der GC in jedem inkrementellen Schritt im

Verhältnis zur Speicherzuweisungsrate leistet. Höhere Werte machen den GC während eines Zyklus aggressiver.

- `"incremental"` / `"generational"`: (Lua 5.4+) Wechselt zwischen GC-Modi. Generationell wird im Allgemeinen bevorzugt und ist oft der Standard.

Wann könntest du `collectgarbage` verwenden?

- **Debugging:** Erzwingen von `"collect"` nach dem Freigeben von Referenzen, um zu prüfen, ob sich der Speicher wie erwartet verhält, oder Verwendung von `"count"` zur Überwachung der Speichernutzung.
- **Echtzeitsysteme:** In Systemen mit strengen Timing-Anforderungen könntest du den GC während kritischer Abschnitte mit `"stop"` anhalten und explizite `"step"`s oder ein vollständiges `"collect"` während sicherer Leerlaufperioden durchführen (dies erfordert sorgfältiges Management).
- **Leistungsoptimierung:** Erst nachdem Profiling ergeben hat, dass das Standard-GC-Verhalten signifikante Leistungsprobleme verursacht, *könntest* du *vorsichtig* mit `"setpause"` und `"setstepmul"` experimentieren.

Für die meisten Anwendungen lass die GC-Einstellungen in Ruhe und überlasse Lua die automatische Verwaltung.

Leistungsüberlegungen & Gute Praktiken

- **Minimiere Müll:** Obwohl GC automatisch ist, ist er nicht kostenlos. Das Erstellen und Verwerfen großer Mengen von Objekten (insbesondere Tabellen) sehr schnell in engen Schleifen *kann* den GC unter Druck setzen und CPU-Zeit verbrauchen. Wenn die Leistung in einer solchen Schleife kritisch ist, erwäge die Wiederverwendung von Tabellen oder Objekten, anstatt bei jeder Iteration neue zu erstellen.
- **Schwache Tabellen für Caches:** Verwende schwache Tabellen (`__mode = "v"`) angemessen für Caches, damit zwischengespeicherte Elemente automatisch eingesammelt werden können, wenn sie anderswo nicht mehr stark referenziert werden.
- **`__gc` für externe Ressourcen:** Verwende Finalizer hauptsächlich zur Freigabe von Nicht-Lua-Ressourcen, die an Userdata gebunden sind.
- **Zuerst Profilen:** Rate nicht über Leistungsengpässe. Verwende Profiling-Tools (sogar einfache `os.clock()`-Zeitnahmen), um herauszufinden, wo dein Programm seine Zeit verbringt, *bevor* du GC-Tuning oder komplexe Objekt-Pooling-Optimierungen in Betracht ziehst. Oft liegt der Engpass in deinem Algorithmus oder anderen Teilen des Codes, nicht im GC selbst.

Kapitelzusammenfassung

Dieses Kapitel hat den Schleier über Luas automatischer Speicherverwaltung gelüftet. Du hast gelernt, dass Lua einen Garbage Collector (typischerweise eine inkrementelle Mark-and-Sweep-Variante) verwendet, um Speicher von Objekten zurückzufordern, die nicht mehr von den Programm-Wurzeln (Globals, Stack usw.) erreichbar sind. Wir haben untersucht, wie schwache Tabellen (unter Verwendung des __mode-Metatabellenfelds mit "k", "v" oder "kv") Referenzen ermöglichen, die die Garbage Collection *nicht* verhindern, was für Caches und Objekt-Metadaten nützlich ist. Du hast die __gc-Metamethode (Finalizer) entdeckt, die es ermöglicht, Code (normalerweise zur Bereinigung externer Ressourcen) auszuführen, kurz bevor der Speicher eines Objekts zurückgefordert wird. Schließlich haben wir uns die collectgarbage()-Funktion zur Interaktion mit und Abstimmung des GC angesehen, wobei betont wurde, dass eine manuelle Steuerung selten erforderlich ist. Luas GC befreit dich von der manuellen Speicherverwaltung und lässt dich auf die Logik deiner Anwendung konzentrieren, aber das Verständnis seiner Prinzipien hilft, effizienteren und robusteren Code zu schreiben.

Bisher haben wir uns ausschließlich auf die Programmierung *innerhalb* von Lua konzentriert. Eine der ursprünglichen Designziele und größten Stärken von Lua ist jedoch seine Fähigkeit, nahtlos mit Code zu interagieren, der in anderen Sprachen geschrieben wurde, insbesondere C. Im nächsten Kapitel werden wir die Lua C API untersuchen, die Brücke, die es dir ermöglicht, Lua mit C-Funktionen zu erweitern und den Lua-Interpreter in deine C/C++-Anwendungen einzubetten.

14

Lua erweitern

Lua ist, wie wir gesehen haben, eine mächtige und doch einfache Sprache. Ihre Stärken liegen in ihrer Flexibilität, Geschwindigkeit (für eine Skriptsprache) und ihrem geringen Speicherbedarf. Manchmal benötigt man jedoch mehr rohe Leistung für rechenintensive Aufgaben, Zugriff auf spezifische Betriebssystemfunktionen oder die Fähigkeit, umfangreiche bestehende Bibliotheken zu nutzen, die in tieferliegenden Sprachen wie C geschrieben wurden. Darüber hinaus war eines der wichtigsten Designziele von Lua, **einbettbar** zu sein – als Skripting-Engine *innerhalb* einer größeren Anwendung zu dienen, die in C oder C++ geschrieben ist. Dieses Kapitel stellt die **Lua C API** vor, die Application Programming Interface, die als Brücke zwischen der Lua-Welt und der C-Welt fungiert und diese leistungsstarken Interaktionen ermöglicht.

Warum Lua und C verbinden?

Es gibt mehrere überzeugende Gründe, Lua und C zu integrieren:

1. **Leistung:** Obwohl Lua schnell ist, laufen rechenintensive Algorithmen (wie komplexe Physiksimulationen, schwere Datenverarbeitung oder kryptographische Operationen) oft deutlich schneller, wenn sie in kompiliertem C-Code implementiert werden. Du kannst den Großteil deiner Anwendung in Lua für Flexibilität schreiben und C für die kritischen Leistungsengpässe verwenden.

2. **Zugriff auf bestehende C-Bibliotheken:** Die Welt ist voll von ausgereiften, hochoptimierten C-Bibliotheken für Grafik, Netzwerk, Datenbanken, wissenschaftliches Rechnen, Hardware-Interaktion und mehr. Die C-API ermöglicht es deinem Lua-Code, diese Bibliotheken zu nutzen, ohne sie in Lua neu schreiben zu müssen.

3. **System-/Hardwarezugriff:** C bietet direkten Zugriff auf Low-Level-Betriebssystemfunktionen und Hardware-Interaktionen, die möglicherweise nicht über Luas Standard-os-Bibliothek verfügbar gemacht werden.

4. **Lua einbetten:** Viele Anwendungen profitieren von einer integrierten Skriptsprache, um Benutzern oder Entwicklern die Anpassung des Verhaltens, die Automatisierung von Aufgaben oder die Definition von Konfigurationen zu ermöglichen. Luas geringe Größe und saubere API machen es zu einer ausgezeichneten Wahl für die Einbettung in eine größere C- oder C++-Anwendung. Die C-Anwendung kann spezifische Funktionen für die Lua-Umgebung bereitstellen und vom Benutzer bereitgestellte Lua-Skripte ausführen.

Die Lua C API

Die Lua C API ist ein Satz von C-Funktionen, die von der Lua-Bibliothek (`liblua.a` oder `lua.dll`/`liblua.so`) bereitgestellt werden und es C-Code ermöglichen, mit einem laufenden Lua-**Zustand** zu interagieren.

- **Der Lua-Zustand (`lua_State*`):** Jede Interaktion mit Lua von C aus geschieht über einen Zeiger auf einen `lua_State`. Diese opake Struktur repräsentiert eine unabhängige Lua-Umgebung (mit eigenen Globals, Stack, geladenen Modulen usw.). Du kannst mehrere Lua-Zustände gleichzeitig innerhalb einer einzigen C-Anwendung laufen lassen. Du erstellst einen Zustand mit `luaL_newstate()` (normalerweise aus `lauxlib.h`) und schließt ihn mit `lua_close()`.
- **Header-Dateien:** Um die API zu verwenden, muss dein C-Code die Lua-Header-Dateien einbinden:
    - `lua.h`: Definiert die grundlegenden API-Funktionen (`lua_push*`, `lua_to*`, `lua_pcall` usw.).
    - `lauxlib.h`: Definiert übergeordnete Hilfsfunktionen, die auf der Basis-API aufbauen und häufige Aufgaben erleichtern (z. B. `luaL_newstate`, `luaL_loadfile`, `luaL_checkstring`). Diese Funktionen beginnen typischerweise mit `luaL_`.

- `lualib.h`: Bietet Funktionen zum Öffnen der Standard-Lua-Bibliotheken (`luaL_openlibs`).

Entscheidend ist, dass die C-API **keinen** direkten Zugriff auf Lua-Objektinterna erlaubt (wie die Felder einer C-Struktur, die eine Lua-Tabelle repräsentiert). Alle Interaktionen erfolgen indirekt über einen kontrollierten Mechanismus: den virtuellen Stack.

Das Kernkonzept: Der Virtuelle Stack

Anstatt Lua-Datenstrukturen direkt zu manipulieren, kommuniziert C-Code mit einem spezifischen `lua_State` über einen von Lua verwalteten **virtuellen Stack**. Stell es dir wie einen gemeinsamen Arbeitsbereich oder einen Stapel Teller vor, auf dem C und Lua Werte füreinander hinterlassen können.

- **C Schiebt (Pushes):** Wenn C einen Wert (Zahl, String, Tabelle) *an* Lua übergeben möchte, **schiebt** es diesen Wert auf die Spitze des Stacks, der dem `lua_State` zugeordnet ist.
- **C Holt (Gets):** Wenn C einen Wert *von* Lua erhalten möchte (z. B. ein von einer Lua-Funktion zurückgegebenes Ergebnis oder eine globale Variable), verwendet es API-Funktionen, die Werte von bestimmten Positionen auf dem Stack lesen.
- **Lua-Interaktion:** Wenn C eine Lua-Funktion aufruft, nimmt Lua ihre Argumente vom Stack. Wenn eine Lua-Funktion Werte zurückgibt, schiebt sie diese auf den Stack. Wenn eine *von* Lua aufgerufene C-Funktion zurückkehrt, schiebt sie ihre Ergebnisse auf den Stack.

Stack-Indizierung: Du beziehst dich auf Positionen auf dem Stack mithilfe von Integer-Indizes:

- **Positive Indizes:** 1 bezieht sich auf das unterste Element (das zuerst geschobene Element), 2 auf das zweite und so weiter.
- **Negative Indizes:** -1 bezieht sich auf das oberste Element (das zuletzt geschobene), -2 auf das Element direkt darunter und so weiter.

Die Verwendung negativer Indizes ist oft bequemer, da du nicht genau wissen musst, wie viele Elemente sich gerade auf dem Stack befinden; -1 bezieht sich immer auf die Spitze.

Die C-API bietet Funktionen, um Daten auf den Stack zu schieben, Daten an bestimmten Indizes abzufragen, Daten an Indizes in C-Typen zu konvertieren, Funktionen aufzurufen und den Stack selbst zu manipulieren (z. B. Elemente entfernen, Elemente einfügen).

Werte auf den Stack schieben (C -> Lua)

Diese Funktionen nehmen einen `lua_State*` (normalerweise `L` genannt per Konvention) und den zu schiebenden C-Wert entgegen. Sie legen den entsprechenden Lua-Wert auf die Spitze des Stacks (Index -1).

- `void lua_pushnil(lua_State *L);` - Schiebt den Lua-Wert `nil`.
- `void lua_pushboolean(lua_State *L, int b);` - Schiebt `true`, wenn `b` ungleich Null ist, sonst `false`.
- `void lua_pushnumber(lua_State *L, lua_Number n);` - Schiebt eine Gleitkommazahl. (`lua_Number` ist typischerweise `double`).
- `void lua_pushinteger(lua_State *L, lua_Integer n);` - Schiebt einen Integer. (`lua_Integer` ist typischerweise `ptrdiff_t` oder `long long`).
- `const char *lua_pushstring(lua_State *L, const char *s);` - Schiebt einen nullterminierten C-String. Lua erstellt eine eigene interne Kopie. Gibt einen Zeiger auf Luas interne Kopie zurück.
- `const char *lua_pushlstring(lua_State *L, const char *s, size_t len);` - Schiebt einen C-String mit expliziter Länge (kann eingebettete Nullen enthalten). Lua erstellt eine eigene interne Kopie. Gibt einen Zeiger auf Luas interne Kopie zurück.
- `void lua_pushcfunction(lua_State *L, lua_CFunction f);` - Schiebt eine C-Funktion (siehe später). `lua_CFunction` ist ein Funktionszeigertyp: `typedef int (*lua_CFunction) (lua_State *L);`.
- `void lua_pushcclosure(lua_State *L, lua_CFunction f, int nup);` - Schiebt eine C-Closure (eine C-Funktion, die mit nup Upvalues assoziiert ist, welche vom Stack gepoppt werden).
- `void lua_createtable(lua_State *L, int narr, int nrec);` - Erstellt eine neue leere Tabelle und schiebt sie auf den Stack. narr und nrec sind Hinweise auf Array- und Record-Größen zur Vorab-Allokation.
- `void lua_pushvalue(lua_State *L, int index);` - Schiebt eine *Kopie* des Elements am gegebenen index auf die Spitze des Stacks.

```
/* Konzeptuelles C-Snippet */
#include "lua.h"
#include "lauxlib.h"
```

```
// Angenommen, 'L' ist ein gültiger lua_State*

lua_pushstring(L, "Hallo von C!"); // Stack: ["Hallo von C!"]
lua_pushinteger(L, 123);           // Stack: ["Hallo von C!", 123]
lua_pushboolean(L, 1);             // Stack: ["Hallo von C!", 123, true]
lua_pushvalue(L, 1);               // Stack: ["Hallo von C!", 123, true, "Hallo
von C!"]
                                   //        (Index 1 an die Spitze kopiert)
```

Werte vom Stack holen (Lua -> C)

Diese Funktionen rufen Werte von einem gegebenen Stack-index ab. **Es ist
entscheidend, den Typ des Wertes auf dem Stack zu überprüfen, bevor man versucht, ihn zu konvertieren!**

- Typüberprüfung:

    - `int lua_isnumber(lua_State *L, int index);` (Wahr für Integer
      und Floats)
    - `int lua_isstring(lua_State *L, int index);` (Wahr für Strings
      und Zahlen - Zahlen sind konvertierbar)
    - `int lua_isboolean(lua_State *L, int index);`
    - `int lua_istable(lua_State *L, int index);`
    - `int lua_isfunction(lua_State *L, int index);` (Wahr für Lua-
      und C-Funktionen)
    - `int lua_isnil(lua_State *L, int index);`
    - `int lua_type(lua_State *L, int index);` Gibt einen Typcode-
      Konstanten zurück (z. B. `LUA_TSTRING`, `LUA_TNUMBER`).
      `lua_typename(L, type_code)` gibt den String-Namen zurück.

- **Werte abrufen:** Diese Funktionen versuchen, den Wert am index in den
  gewünschten C-Typ zu konvertieren. Wenn der Wert nicht konvertierbar ist,
  können sie 0, `NULL` oder einen undefinierten Wert zurückgeben (abhängig von
  der Funktion). **Überprüfe immer zuerst den Typ mit `lua_is*` oder verwende
  die `luaL_check*` Hilfsfunktionen.**

    - `int lua_toboolean(lua_State *L, int index);` (Gibt 0 für false
      und `nil` zurück, sonst 1 - Luas Wahrheitswert).
    - `lua_Number lua_tonumber(lua_State *L, int index);` (Verwende
      zuerst `lua_isnumber`).

- lua_Integer lua_tointeger(lua_State *L, int index); (Verwende zuerst lua_isinteger oder lua_isnumber).
- const char *lua_tolstring(lua_State *L, int index, size_t *len); Gibt einen Zeiger auf eine interne String-Repräsentation zurück (verwende len bei Bedarf für die Länge). **Wichtig:** Der zurückgegebene Zeiger ist nur gültig, solange der String-Wert auf dem Stack bleibt. Speichere diesen Zeiger **nicht** langfristig; kopiere die String-Daten bei Bedarf. Wenn len NULL ist, wird es nicht gefüllt. lua_tostring ist ein Makro, das äquivalent zum Aufruf von lua_tolstring mit len = NULL ist.
- lua_CFunction lua_tocfunction(lua_State *L, int index);
- luaL_check* **Hilfsfunktionen (Empfohlen):** Diese Funktionen aus lauxlib.h kombinieren die Typüberprüfung und den Abruf. Wenn die Typüberprüfung fehlschlägt, lösen sie automatisch einen Standard-Lua-Fehler aus, was oft das gewünschte Verhalten ist, wenn man C-Funktionen schreibt, die *von* Lua aufgerufen werden.

  - lua_Number luaL_checknumber(lua_State *L, int index);
  - lua_Integer luaL_checkinteger(lua_State *L, int index);
  - const char *luaL_checklstring(lua_State *L, int index, size_t *len);
  - void luaL_checktype(lua_State *L, int index, int type_code); (Prüft auf einen spezifischen LUA_T* Typ).
- **Tabellenmanipulation:**

  - int lua_gettable(lua_State *L, int index); Nimmt einen Schlüssel vom Stack, schlägt ihn in der Tabelle am index nach und schiebt das Ergebnis. Gibt den Typ des geschobenen Wertes zurück.
  - int lua_getfield(lua_State *L, int index, const char *key); Schiebt tabelle[key] auf den Stack, wobei tabelle am index liegt. Gibt den Typ des geschobenen Wertes zurück. (Bequemlichkeit).
  - void lua_settable(lua_State *L, int index); Nimmt einen Wert, dann einen Schlüssel vom Stack und führt tabelle[key] = wert aus, wobei tabelle am index liegt.
  - void lua_setfield(lua_State *L, int index, const char *key); Nimmt einen Wert vom Stack und führt tabelle[key] = wert aus, wobei tabelle am index liegt. (Bequemlichkeit).

```
/* Konzeptuelles C-Snippet */
```

```
#include "lua.h"
#include "lauxlib.h"

// Angenommen L ist gültig und Stack enthält: ["Hallo", 123, true, {k="v"}]

// Verwendung der Basis-API (sorgfältige Prüfung nötig)
if (lua_isstring(L, 1)) {
    size_t len;
    const char *str = lua_tolstring(L, 1, &len);
    printf("Index 1 (string): %s (Länge %zu)\n", str, len);
}
if (lua_isinteger(L, 2)) {
    lua_Integer i = lua_tointeger(L, 2);
    printf("Index 2 (integer): %lld\n", (long long)i);
}

// Verwendung der Hilfs-API (sicherer, wenn von Lua aufgerufen)
// const char* str_geprueft = luaL_checkstring(L, 1);
// lua_Integer int_geprueft = luaL_checkinteger(L, 2);

// Tabellenfeld holen
lua_getfield(L, 4, "k"); // Schiebt den Wert der Tabelle bei Index 4, Schlüssel
"k"
                        // Stack: ["Hallo", 123, true, {k="v"}, "v"]
if (lua_isstring(L, -1)) { // Prüfe den neu geschobenen Wert an der Spitze
    printf("Tabellenfeld 'k': %s\n", lua_tostring(L, -1));
}
lua_pop(L, 1); // Entferne den abgerufenen Wert vom Stack
            // Stack: ["Hallo", 123, true, {k="v"}]
```

Lua-Funktionen von C aufrufen

Um eine Lua-Funktion aus deinem C-Code auszuführen:

1. **Funktion schieben:** Hole die Lua-Funktion auf den Stack (z. B. mit `lua_getglobal(L, "meineLuaFunktion")`, um eine globale Funktion zu holen).
2. **Argumente schieben:** Schiebe alle Argumente, die die Lua-Funktion erwartet, der Reihe nach auf den Stack.
3. `lua_pcall` **aufrufen:** Verwende `int lua_pcall(lua_State *L, int nargs, int nresults, int msgh)`;
   - `nargs`: Die Anzahl der Argumente, die du auf den Stack geschoben hast.

- nresults: Die Anzahl der Rückgabewerte, die Lua auf den Stack schieben soll. Verwende LUA_MULTRET, wenn die Funktion eine variable Anzahl von Ergebnissen zurückgeben kann.
- msgh: Stack-Index einer *Fehlerbehandlungsfunktion* (oder 0 für keinen Handler). Wenn während der Ausführung der Lua-Funktion ein Fehler auftritt, ruft Lua diesen Handler auf, *bevor* der Stack abgewickelt wird. Der Handler kann den Fehler verarbeiten (z. B. einen Traceback hinzufügen). lua_pcall gibt dann einen Fehlercode zurück. Wenn msgh 0 ist, wird das Fehlerobjekt im Fehlerfall auf dem Stack belassen.
- **Rückgabecode:** lua_pcall gibt LUA_OK (0) bei Erfolg oder einen Fehlercode (z. B. LUA_ERRRUN, LUA_ERRMEM) bei Misserfolg zurück.

4. **Ergebnisse abrufen:** Wenn lua_pcall LUA_OK zurückgegeben hat, befinden sich die erwartete Anzahl von Ergebnissen (nresults) an der Spitze des Stacks. Rufe sie mit lua_to*-Funktionen ab.

5. **Aufräumen:** Die Funktion und die Argumente werden automatisch von lua_pcall vom Stack entfernt. Du musst die Ergebnisse (oder die Fehlermeldung) entfernen (poppen), nachdem du mit ihnen fertig bist.

```c
/* Konzeptuelles C-Snippet */
int rufeLuaFunktionAuf(lua_State *L, const char* funcName, int arg1, int arg2) {
    int ergebnis = 0;
    int fehler = 0;

    // 1. Funktion schieben
    lua_getglobal(L, funcName);
    if (!lua_isfunction(L, -1)) {
        fprintf(stderr, "Fehler: '%s' ist keine Funktion\n", funcName);
        lua_pop(L, 1); // Nicht-Funktionswert entfernen
        return -1; // Fehler anzeigen
    }

    // 2. Argumente schieben
    lua_pushinteger(L, arg1);
    lua_pushinteger(L, arg2);

    // 3. lua_pcall aufrufen (2 Argumente, erwarte 1 Ergebnis, kein
Fehlerhandler)
    fehler = lua_pcall(L, 2, 1, 0);

    if (fehler == LUA_OK) {
        // 4. Ergebnis abrufen (Typ zuerst prüfen!)
        if (lua_isinteger(L, -1)) {
            ergebnis = (int)lua_tointeger(L, -1);
```

```
        } else {
            fprintf(stderr, "Fehler: Lua-Funktion gab keinen Integer zurück\n");
            ergebnis = -1; // Fehler anzeigen
        }
        lua_pop(L, 1); // Ergebnis entfernen
    } else {
        // Fehler während pcall aufgetreten
        const char *fehlerMeldung = lua_tostring(L, -1); // Fehlermeldung holen
        fprintf(stderr, "Fehler beim Ausführen der Lua-Funktion '%s': %s\n",
funcName, fehlerMeldung);
        lua_pop(L, 1); // Fehlermeldung entfernen
        ergebnis = -1; // Fehler anzeigen
    }

    return ergebnis;
}
```

C-Funktionen von Lua aufrufen

So erweiterst du Luas Fähigkeiten.

1. **Die C-Funktion schreiben:** Sie muss die Signatur int
   `meine_c_funktion(lua_State *L);` haben.

   - Von Lua übergebene Argumente befinden sich auf dem Stack (Index 1,
     2, ...).
   - Verwende `lua_to*` oder `luaL_check*`, um Argumente abzurufen.
   - Führe die gewünschte C-Logik aus.
   - Schiebe alle Rückgabewerte mit `lua_push*` auf den Stack.
   - **Gib einen Integer zurück, der die *Anzahl* der Werte angibt, die du als
     Ergebnisse auf den Stack geschoben hast.**

```
/* C-Funktion, aufrufbar von Lua */
static int c_addieren(lua_State *L) {
    // 1. Argumente holen (mit Check-Funktionen zur Sicherheit)
    lua_Integer a = luaL_checkinteger(L, 1); // Arg an Index 1
    lua_Integer b = luaL_checkinteger(L, 2); // Arg an Index 2

    // 2. C-Logik ausführen
    lua_Integer summe = a + b;

    // 3. Ergebnis schieben
    lua_pushinteger(L, summe);
```

```
    // 4. Anzahl der geschobenen Ergebnisse zurückgeben (1 in diesem
Fall)
    return 1;
}
```

2. **Die C-Funktion registrieren:** Mache die C-Funktion Lua bekannt. Du kannst:

   - Sie auf den Stack schieben und einer globalen Variable zuweisen:

     ```
     lua_pushcfunction(L, c_addieren);
     lua_setglobal(L, "c_addieren_funktion"); // Lua kann jetzt
     c_addieren_funktion(10, 20) aufrufen
     ```

   - Sie zu einer Tabelle hinzufügen (der bevorzugte Weg zur Erstellung von Bibliotheken/Modulen): Siehe nächster Abschnitt.

C-Bibliotheken (Module) für Lua schreiben

Der Standardweg, um mehrere zusammengehörige C-Funktionen zur Verwendung in Lua zu bündeln, ist die Erstellung einer Shared Library (wie `.so` unter Linux, `.dll` unter Windows), die Lua mit `require` laden kann.

1. **Funktionen definieren:** Schreibe deine C-Funktionen mit der Signatur `int func(lua_State *L)`.
2. **Registrierungsarray erstellen:** Definiere ein statisches Array von `luaL_Reg`-Strukturen. Jede Struktur bildet einen Namen (String, wie er von Lua aufgerufen wird) auf den C-Funktionszeiger ab. Das Array muss mit einem `{NULL, NULL}`-Eintrag enden.

```
static const struct luaL_Reg meineclib_funcs[] = {
    {"addieren", c_addieren}, // Lua-Name "addieren" bildet auf C-
Funktion c_addieren ab
    // {"subtrahieren", c_subtrahieren}, // Füge hier weitere Funktionen
hinzu...
    {NULL, NULL} /* Sentinel */
};
```

3. **Die `luaopen_`-Funktion schreiben:** Erstelle eine spezielle Funktion namens `luaopen_meinebibname` (wobei `meinebibname` mit dem Namen übereinstimmt, den Lua in `require` verwenden wird). Diese Funktion wird automat-

isch von require aufgerufen, wenn die C-Bibliothek geladen wird. Ihre Aufgabe ist es, die Modultabelle zu erstellen und die Funktionen zu registrieren.

```
#include "lua.h"
#include "lauxlib.h"

// Füge Definitionen für c_addieren etc. ein

/* Registrierungsarray aus Schritt 2 */
static const struct luaL_Reg meineclib_funcs[] = { /* ... siehe oben ...
*/ };

/* Bibliotheksöffnungsfunktion */
LUALIB_API int luaopen_meineclib(lua_State *L) {
    luaL_newlib(L, meineclib_funcs); // Erstellt Tabelle, registriert
Funktionen
    return 1; // Gib die von luaL_newlib geschobene Modultabelle zurück
}
```

luaL_newlib (aus lauxlib.h) erstellt bequem eine neue Tabelle, iteriert durch das luaL_Reg-Array und registriert jede C-Funktion unter den angegebenen Lua-Namen in der Tabelle. Sie lässt die neu erstellte Modultabelle auf dem Stack.

4. **Als Shared Library kompilieren**: Kompiliere deinen C-Code in eine Shared Library (z. B. meineclib.so oder meineclib.dll). Stelle sicher, dass du gegen die Lua-Bibliothek linkst (liblua.a oder Äquivalent). Die genauen Compiler-Flags hängen von deinem Betriebssystem und Compiler ab (z. B. -shared - fPIC mit GCC unter Linux).

5. **In Lua verwenden**: Platziere die kompilierte Bibliotheksdatei (meineclib.so/.dll) irgendwo, wo Luas C-Pfad (package.cpath) sie finden kann (oft funktioniert das aktuelle Verzeichnis). Verwende dann require in Lua:

```
-- mein_skript.lua
local meinebib = require("meineclib") -- Lädt .so/.dll, ruft
luaopen_meineclib auf

local ergebnis = meinebib.addieren(15, 7) -- Rufe die C-Funktion über
die Modultabelle auf
print("Ergebnis von C:", ergebnis) -- Ausgabe: Ergebnis von C: 22
```

Fehlerbehandlung in der C API

- **Lua aufrufen:** Verwende immer `lua_pcall` anstelle von `lua_call` (das keine Fehler behandelt), wenn du Lua-Funktionen von C aus aufrufst, es sei denn, du bist sicher, dass der Lua-Code nicht fehlschlagen kann. Überprüfe den Rückgabecode von `lua_pcall`.

- **Fehler von C auslösen:** Innerhalb einer C-Funktion, die *von* Lua aufgerufen wird, verwende `lua_error(L)` oder das bequemere `luaL_error(L, format-string, ...)` um die Ausführung zu stoppen und einen Fehler zurück an Lua zu propagieren. `luaL_error` nimmt einen printf-artigen Formatstring und Argumente entgegen. Diese Fehler können dann in Lua mit `pcall` abgefangen werden.

- **API-Rückgaben prüfen:** Einige grundlegende API-Funktionen können Fehlercodes oder `NULL` zurückgeben (obwohl viele einfach den Stack manipulieren). Überprüfe die Dokumentation für die von dir verwendeten Funktionen. Die `luaL_check*`-Funktionen helfen, indem sie bei Typ-Nichtübereinstimmungen automatisch Fehler auslösen.

Hinweise zur Speicherverwaltung

- **Lua-Objekte:** Wie in Kapitel 13 besprochen, verwaltet Luas Garbage Collector den Speicher für Objekte, die *von Lua erstellt* wurden (Strings, die mit `lua_pushstring` geschoben wurden, Tabellen von `lua_createtable` usw.). Du gibst diese nicht direkt von C aus frei.

- **`lua_tolstring`-Zeiger:** Denk daran, dass der von `lua_tolstring` zurückgegebene Zeiger temporär ist. Kopiere den String-Inhalt, wenn du ihn benötigst, nachdem der Wert den Stack verlassen hat.

- **Userdata:** Was ist, wenn C Speicher allozieren muss (z. B. für eine große C-Struktur), den Lua verwalten soll? Dies geschieht mithilfe von **Userdata**.

  - `void *lua_newuserdatauv(lua_State *L, size_t size, int nuvalue);` Alloziiert `size` Bytes Speicher, der von Luas GC verwaltet wird, assoziiert `nuvalue` Lua-Werte (User-Values) damit und schiebt das Userdata-Objekt auf den Stack. Du erhältst einen rohen `void*`-Zeiger auf den Speicherblock.

  - Du kannst eine Metatabelle mit Userdata assoziieren, genau wie mit Tabellen. Dies ist entscheidend für die Definition von Operationen (mithilfe von Metamethoden wie `__add`, `__index`) und insbesondere für die Definition einer `__gc`-Metamethode (eines Finalizers), um alle

zugehörigen C-Ressourcen freizugeben, wenn Lua die Userdata ein-
sammelt.

- Userdata ermöglicht es, C-Daten fast wie erstklassige Lua-Objekte zu
  behandeln. Dies ist ein fortgeschritteneres Thema, aber fundamental
  für die Integration komplexer C-Strukturen mit Lua.

Kapitelzusammenfassung

Dieses Kapitel bot eine entscheidende Einführung in die Lua C API, die Schnittstelle,
die eine leistungsstarke Zwei-Wege-Kommunikation zwischen Lua und C ermöglicht.
Du hast die zentrale Rolle des `lua_State` und des virtuellen Stacks für den Datenaustausch kennengelernt. Wir haben das Schieben von C-Werten auf den Stack
(`lua_push*`) und das Abrufen von Lua-Werten vom Stack (`lua_to*`, `luaL_check*`)
behandelt. Du hast die Verfahren zum Aufrufen von Lua-Funktionen aus C mit
`lua_pcall` gesehen und umgekehrt, wie man C-Funktionen (`int func(lua_State
*L)`) schreibt und registriert, damit sie *von* Lua aufrufbar sind. Wir haben die Stand-
ardmethode zur Erstellung von C-Bibliotheken (Modulen) mithilfe von `luaL_Reg` und
`luaopen_`-Funktionen untersucht, die über `require` ladbar sind. Wir haben auch kurz
die Fehlerbehandlung über die Grenze hinweg und das Konzept von Userdata zur
Integration von C-alloziertem Speicher mit Luas Garbage Collector angesprochen.

Das Verständnis der C-API erschließt Luas Potenzial für hohe Leistung und Integration in bestehende Systeme. Obwohl wir uns auf C konzentriert haben, gelten ähnliche Prinzipien bei der Interaktion mit anderen Sprachen, die C-Bindings haben (wie
C++).

Nachdem wir nun gesehen haben, wie man Lua mit C erweitert, kehren wir zu reinem
Lua zurück und untersuchen, wie sein flexibles Tabellen- und Metatabellensystem
verwendet werden kann, um Muster aus einem anderen Programmierparadigma zu
implementieren: der objektorientierten Programmierung.

15

Objekte simulieren

In diesem Buch haben wir Luas Kernfunktionen erkundet: seine vielseitigen Tabellen (Kapitel 6), erstklassigen Funktionen (Kapitel 5) und die mächtige Anpassungsschicht durch Metatabellen (Kapitel 7). Obwohl Lua keine expliziten Schlüsselwörter wie `class`, `private` oder `interface` enthält, die in traditionellen objektorientierten Programmiersprachen (OOP) wie Java, C++ oder Python zu finden sind, sind seine fundamentalen Bausteine perfekt geeignet, um OOP-Konzepte und -Muster flexibel und elegant zu implementieren. Dieses Kapitel demonstriert, wie du Tabellen und Metatabellen nutzen kannst, um Klassen, Objekte, Methoden, Vererbung und Kapselung in Lua zu simulieren und den objektorientierten Stil zu übernehmen, wenn er der Struktur und dem Design deines Programms zugutekommt.

Luas flexibler Ansatz zur OOP

Objektorientierte Programmierung dreht sich um die Idee von „Objekten" – in sich geschlossenen Einheiten, die Daten (Attribute oder Eigenschaften) und Verhalten (Methoden oder Funktionen, die auf diesen Daten operieren) bündeln. Lua erreicht dies nicht durch rigide Syntax, sondern durch geschickte Nutzung seiner vorhandenen Features:

- **Tabellen als Objekte:** Der Zustand eines einzelnen Objekts (seine Daten) wird natürlich durch eine Lua-Tabelle repräsentiert, wobei Schlüssel Attributnamen und Werte die entsprechenden Daten enthalten.

- **Tabellen als Klassen/Prototypen:** Das gemeinsame Verhalten (Methoden) für eine Gruppe ähnlicher Objekte kann in einer anderen Tabelle gespeichert werden, oft als „Klasse" oder, vielleicht genauer im Fall von Lua, als „Prototyp"-Tabelle bezeichnet.
- **Metatabellen als Klebstoff:** Die magische Verbindung zwischen einem Objekt (Instanztabelle) und seinem gemeinsamen Verhalten (Klassen-/Prototyptabelle) wird typischerweise über die `__index`-Metamethode hergestellt. Dies ermöglicht es einem Objekt, Suchanfragen nach fehlenden Feldern (insbesondere Methoden) an seinen designierten Prototyp zu delegieren.

Dieser Ansatz bietet erhebliche Flexibilität. Du kannst Muster wählen, die klassische Vererbung genau nachahmen, oder dich eher an prototypbasierte Stile anlehnen, bei denen Objekte direkt von anderen Objekten erben. Der Schlüssel liegt darin, zu verstehen, wie man Tabellen und Metatabellen effektiv kombiniert.

Objekte und Klassen repräsentieren

Beginnen wir mit den Grundlagen: der Repräsentation der Daten und des gemeinsamen Verhaltens.

Objekte als Tabellen

Eine Objektinstanz muss lediglich ihre eigenen eindeutigen Daten enthalten. Eine einfache Tabelle ist dafür perfekt geeignet.

```lua
-- Repräsentiert ein spezifisches Auto-Objekt
local meinAuto = {
  marke = "Lua Motors",
  modell = "Scriptster",
  farbe = "blau",
  geschwindigkeit = 0
}

-- Repräsentiert ein anderes Auto-Objekt
local nachbarsAuto = {
  marke = "TableTech",
  modell = "Array GT",
  farbe = "rot",
  geschwindigkeit = 0
}

print(meinAuto.marke)        -- Ausgabe: Lua Motors
```

```
print(nachbarsAuto.farbe) -- Ausgabe: rot
```

Diese Tabellen enthalten den *Zustand*, der für jedes Auto spezifisch ist. Aber wie bringen wir sie dazu, etwas zu *tun*, wie zum Beispiel zu beschleunigen?

Klassen (oder Prototypen) als Tabellen

Wir können eine separate Tabelle definieren, um die Funktionen (Methoden) zu speichern, die alle Autos gemeinsam haben sollten. Nennen wir dies unseren Fahrzeug-Prototyp.

```
-- Repräsentiert das gemeinsame Verhalten für Fahrzeuge
local Fahrzeug = {}

-- Wir werden dieser Tabelle bald Methoden hinzufügen...
-- function Fahrzeug:beschleunigen(menge) ... end
-- function Fahrzeug:bremsen(menge) ... end

-- Wir könnten hier auch Standardwerte einfügen, falls gewünscht
Fahrzeug.standardHoechstgeschwindigkeit = 120
```

Diese Fahrzeug-Tabelle enthält das *Verhalten* oder dient als Vorlage. Wie verbinden wir nun meinAuto mit Fahrzeug, damit meinAuto die Methoden von Fahrzeug verwenden kann? Zuerst müssen wir verstehen, wie Methoden mit dem self-Konzept funktionieren.

Methoden und der Doppelpunktoperator (:)

In der OOP operieren Methoden typischerweise auf dem spezifischen Objekt, auf dem sie aufgerufen wurden. Wenn du beispielsweise meinAuto:beschleunigen() aufrufst, muss die beschleunigen-Funktion wissen, *welches* Auto-Objekt (meinAuto) sie modifizieren soll. Lua handhabt diese Zuordnung elegant mit dem Doppelpunktoperator (:), der syntaktischen Zucker für die implizite Übergabe der Objektinstanz bietet.

Methoden definieren

Wenn du eine Funktion innerhalb deiner Klassen-/Prototyptabelle mit der Doppelpunktnotation definierst, fügt Lua automatisch einen versteckten ersten Parameter namens self hinzu.

```
local Fahrzeug = {}

-- Definiere die 'beschleunigen'-Methode mit ':'
function Fahrzeug:beschleunigen(menge)
  -- 'self' bezieht sich automatisch auf das Objekt, auf dem die Methode
aufgerufen wird
  -- (z.B. meinAuto beim Aufruf von meinAuto:beschleunigen())
  print("Beschleunige...")
  self.geschwindigkeit = self.geschwindigkeit + menge
  print("Aktuelle Geschwindigkeit:", self.geschwindigkeit)
end

-- Definiere die 'bremsen'-Methode
function Fahrzeug:bremsen(menge)
  print("Bremse...")
  self.geschwindigkeit = self.geschwindigkeit - menge
  if self.geschwindigkeit < 0 then self.geschwindigkeit = 0 end -- Kann keine
negative Geschwindigkeit haben
  print("Aktuelle Geschwindigkeit:", self.geschwindigkeit)
end
```

Das Schreiben von `function Fahrzeug:beschleunigen(menge)` ist exakt äquivalent zum Schreiben von `Fahrzeug.beschleunigen = function(self, menge)`. Der Doppelpunkt erspart dir nur das explizite Tippen von `self` in der Parameterliste.

Methoden aufrufen

Wenn du eine Funktion mit der Doppelpunktnotation *aufrufst* (`objekt:methoden-Name(args...)`), fügt Lua automatisch das `objekt` selbst als allererstes Argument ein, das an die Funktion übergeben wird.

```
-- Angenommen, meinAuto ist korrekt mit Fahrzeug verknüpft (zeigen wir als
Nächstes)
-- meinAuto:beschleunigen(30)

-- Dieser Aufruf ist syntaktischer Zucker für:
-- Fahrzeug.beschleunigen(meinAuto, 30)
```

Der Doppelpunktoperator übernimmt die Übergabe des Objekts (`meinAuto`) als `self`-Parameter an die Methode (`Fahrzeug.beschleunigen`). Dies macht Methodenaufrufe sauber und objektfokussiert.

Vererbung mit __index erreichen

Verbinden wir nun die Instanz (meinAuto) mit dem Prototyp (Fahrzeug), sodass Lua beim Aufruf von meinAuto:beschleunigen() die beschleunigen-Funktion in der Fahrzeug-Tabelle findet. Wir verwenden die __index-Metamethode, wie in Kapitel 7 eingeführt.

Das gängigste Muster ist, das __index-Feld der Metatabelle einer Instanz direkt auf die Prototyptabelle zeigen zu lassen.

```lua
local Fahrzeug = {} -- Unsere Prototyp-/Klassentabelle

function Fahrzeug:beschleunigen(menge)
  self.geschwindigkeit = (self.geschwindigkeit or 0) + menge -- Behandle
potentielle nil-Geschwindigkeit
  print("Beschleunige auf:", self.geschwindigkeit)
end

function Fahrzeug:bremsen(menge)
    self.geschwindigkeit = (self.geschwindigkeit or 0) - menge
    if self.geschwindigkeit < 0 then self.geschwindigkeit = 0 end
    print("Bremse auf:", self.geschwindigkeit)
end

-- Erstelle eine Instanztabelle
local meinAuto = { marke = "Lua Motors", geschwindigkeit = 0 }

-- Erstelle die Metatabelle für die Instanz
local mt = {
  __index = Fahrzeug -- Wenn ein Schlüssel in meinAuto nicht gefunden wird,
suche in Fahrzeug
}

-- Hänge die Metatabelle an die Instanz an
setmetatable(meinAuto, mt)

-- Versuchen wir nun, eine Methode aufzurufen:
meinAuto:beschleunigen(50) -- Lua sucht 'beschleunigen' in meinAuto -> nicht
gefunden.
                           -- Prüft metatable.__index -> findet Fahrzeug.
                           -- Sucht 'beschleunigen' in Fahrzeug -> gefunden!
                           -- Ruft Fahrzeug.beschleunigen(meinAuto, 50) auf

meinAuto:bremsen(20)       -- Funktioniert ähnlich.
```

```
print(meinAuto.geschwindigkeit) -- Greift direkt auf Daten von meinAuto zu.
```

Ausgabe:

```
Beschleunige auf: 50
Bremse auf: 30
30
```

Diese `__index = PrototypTabelle`-Einrichtung ist der Kernmechanismus zur Simulation von Klassen und einfacher Vererbung in Lua. Die Instanz enthält ihre eigenen Daten, und Methodensuchen werden an die gemeinsame Prototyptabelle delegiert.

Konstruktorfunktionen

Das manuelle Erstellen einer Instanztabelle und das Setzen ihrer Metatabelle bei jedem Mal ist mühsam und fehleranfällig. Die Standardpraxis ist die Definition einer **Konstruktorfunktion**, konventionell `new` genannt, innerhalb der Prototyp-/Klassentabelle. Diese Funktion übernimmt die Erstellung und Einrichtung neuer Instanzen.

```
local Fahrzeug = {}
Fahrzeug.__index = Fahrzeug -- Ermöglicht Methodenaufrufe auf der Klassentabelle
selbst *und*
                           -- vereinfacht das Setzen von __index im
Konstruktor.

-- Konstruktorfunktion
function Fahrzeug:new(marke, modell, farbe)
  print("Erstelle neues Fahrzeug:", marke, modell)
  -- 1. Erstelle eine leere Instanztabelle
  local instanz = {}

  -- Initialisiere instanzspezifische Daten
  instanz.marke = marke or "Unbekannte Marke"
  instanz.modell = modell or "Unbekanntes Modell"
  instanz.farbe = farbe or "schwarz"
  instanz.geschwindigkeit = 0

  -- 2. Setze ihre Metatabelle, um Methodensuche zu ermöglichen (__index =
Fahrzeug)
  setmetatable(instanz, self) -- 'self' bezieht sich hier auf die Fahrzeug-
Tabelle selbst,
                          -- da wir Fahrzeug:new() aufgerufen haben.
```

```
    -- 3. Gib die neue Instanz zurück
    return instanz
end


-- Methoden (wie zuvor definiert)
function Fahrzeug:beschleunigen(menge)
    self.geschwindigkeit = (self.geschwindigkeit or 0) + menge
    print(self.marke .. " beschleunigt auf:", self.geschwindigkeit)
end

function Fahrzeug:bremsen(menge)
    self.geschwindigkeit = (self.geschwindigkeit or 0) - menge
    if self.geschwindigkeit < 0 then self.geschwindigkeit = 0 end
    print(self.marke .. " bremst auf:", self.geschwindigkeit)
end


-- --- Verwendung ---
local auto1 = Fahrzeug:new("Lua Motors", "Scriptster", "blau")
local auto2 = Fahrzeug:new("TableTech", "Array GT", "rot")

auto1:beschleunigen(60)
auto2:beschleunigen(75)
auto1:bremsen(10)
```

Ausgabe:

```
Erstelle neues Fahrzeug: Lua Motors Scriptster
Erstelle neues Fahrzeug: TableTech Array GT
Lua Motors beschleunigt auf: 60
TableTech beschleunigt auf: 75
Lua Motors bremst auf: 50
```

Der Fahrzeug:new(...)-Konstruktor bietet eine saubere, konsistente Möglichkeit,
ordnungsgemäß initialisierte Fahrzeugobjekte zu erstellen, die automatisch Meth-
oden von Fahrzeug erben. Die Zeile Fahrzeug.__index = Fahrzeug ist ein gängiges
Idiom: Sie stellt sicher, dass, wenn setmetatable(instanz, self) innerhalb von
Fahrzeug:new aufgerufen wird, das __index-Feld der Metatabelle zurück auf die
Fahrzeug-Tabelle selbst zeigt.

Vererbung

OOP beinhaltet oft die Erstellung spezialisierter Klassen basierend auf allgemeineren (z. B. ein `Auto` *ist ein* `Fahrzeug`, ein `Elektroauto` *ist ein* `Auto`). Luas `__index`-Mechanismus unterstützt diese Art der **Vererbung** auf natürliche Weise.

Um `Auto` von `Fahrzeug` erben zu lassen:

1. **Erstelle die** `Auto`-**Tabelle:** Diese enthält Methoden, die spezifisch für Autos sind oder Methoden von `Fahrzeug` überschreiben.
2. **Setze die Metatabelle von** `Auto`: Lasse `Auto` selbst von `Fahrzeug` erben, sodass Lua, wenn eine Methode nicht in `Auto` gefunden wird, in `Fahrzeug` sucht. Wir tun dies mit `setmetatable(Auto, { __index = Fahrzeug })`.
3. **Definiere den Konstruktor von** `Auto` (`Auto:new`): Dieser muss normalerweise:
   - Eine Instanztabelle erstellen.
   - Die Metatabelle der Instanz auf `{ __index = Auto }` setzen, damit sie zuerst in `Auto` nach Methoden sucht.
   - Den Konstruktor der Elternklasse (`Fahrzeug.new`) oder Initialisierungslogik aufrufen, um die gemeinsamen Fahrzeugeigenschaften einzurichten.
   - `Auto`-spezifische Eigenschaften initialisieren.
4. **Methoden hinzufügen/überschreiben:** Definiere neue Methoden, die spezifisch für `Auto` sind, oder definiere Methoden neu, die von `Fahrzeug` geerbt wurden.

```lua
-- (Fahrzeug-Klassendefinition aus dem vorherigen Beispiel)

-- 1. Erstelle die Auto-Unterklassen-Tabelle
local Auto = {}

-- 2. Setze die Metatabelle von Auto, um von Fahrzeug zu erben
setmetatable(Auto, { __index = Fahrzeug })
-- Dies stellt sicher, dass Auto selbst sich wie ein Fahrzeug verhält, 'new'
etc. erbt,
-- falls nötig, und ermöglicht die Methodensuchkette: Instanz -> Auto ->
Fahrzeug.

-- 3. Definiere den Auto-Konstruktor
function Auto:new(marke, modell, farbe, anzahlTueren)
  print("Erstelle neues Auto:", marke, modell)
  -- Erstelle Instanztabelle, verwende zuerst den Konstruktor von Fahrzeug
  local instanz = Fahrzeug:new(marke, modell, farbe) -- Verwende Fahrzeugs
Initialisierer
```

```lua
    -- Setze die Metatabelle der Instanz auf Auto (überschreibt die von
Fahrzeug:new gesetzte),
    -- damit die Methodensuche bei Auto beginnt.
    setmetatable(instanz, { __index = Auto })

    -- Initialisiere Auto-spezifische Eigenschaften
    instanz.anzahlTueren = anzahlTueren or 4

    return instanz
end


-- 4. Methoden hinzufügen/überschreiben
function Auto:hupen()
  print(self.marke .. " sagt: Hup! Hup!")
end


-- Optional: Überschreibe beschleunigen, wenn Autos anders beschleunigen
-- function Auto:beschleunigen(menge)
--    print(self.marke .. " Auto beschleunigt...")
--    -- Rufe die beschleunigen-Methode des Elternteils explizit auf, falls nötig
--    Fahrzeug.beschleunigen(self, menge * 1.1) -- z.B. Autos beschleunigen
schneller
--    -- Oder schreibe die Beschleunigungslogik komplett neu
-- end



-- --- Verwendung ---
local meinLuxusauto = Auto:new("MetaMotors", "Limousine", "silber", 4)
local meinSportwagen = Auto:new("Lua Flitzer", "Rennwagen", "gelb", 2)

meinLuxusauto:beschleunigen(70) -- Verwendet Fahrzeug:beschleunigen (da Auto es
nicht überschreibt)
meinSportwagen:hupen()          -- Verwendet Auto:hupen
meinLuxusauto:bremsen(30)       -- Verwendet Fahrzeug:bremsen

print(meinLuxusauto.marke, "hat", meinLuxusauto.anzahlTueren, "Türen.")
```

Ausgabe:

```
Erstelle neues Auto: MetaMotors Limousine
Erstelle neues Fahrzeug: MetaMotors Limousine
Erstelle neues Auto: Lua Flitzer Rennwagen
Erstelle neues Fahrzeug: Lua Flitzer Rennwagen
MetaMotors beschleunigt auf: 70
Lua Flitzer sagt: Hup! Hup!
```

```
MetaMotors bremst auf: 40
MetaMotors hat 4 Türen.
```

Die Methodensuche folgt nun der Kette: `meinLuxusauto -> Auto -> Fahrzeug`. Die erste gefundene `beschleunigen`-Methode ist in `Fahrzeug`. Die erste gefundene `hupen`-Methode ist in `Auto`.

Privatsphäre und Kapselung

Kapselung ist die Bündelung von Daten mit den Methoden, die auf diesen Daten operieren, und die Einschränkung des direkten Zugriffs auf den internen Zustand eines Objekts (oft als Informationsversteck oder Privatsphäre bezeichnet).

Lua hat **keinen eingebauten Mechanismus**, um Privatsphäre wie `private`- oder `protected`-Schlüsselwörter zu erzwingen. Alle Tabellenfelder sind standardmäßig öffentlich zugänglich.

Die weithin akzeptierte **Konvention** in der Lua-Community ist es, „nicht-öffentliche" Member (die für den internen Gebrauch innerhalb der Klasse oder ihrer Unterklassen bestimmt sind) durch Voranstellen eines einzelnen Unterstrichs (_) zu kennzeichnen.

```
local Konto = {}
Konto.__index = Konto

function Konto:new(anfangsSaldo)
  local instanz = {}
  setmetatable(instanz, self)
  instanz._saldo = anfangsSaldo -- Konvention: '_' zeigt nicht-öffentlich an
  return instanz
end

function Konto:einzahlen(betrag)
  self._saldo = self._saldo + betrag
end

function Konto:abheben(betrag)
  if betrag > self._saldo then
    error("Unzureichende Deckung")
  end
  self._saldo = self._saldo - betrag
end

function Konto:getSaldo() -- Öffentliche Zugriffsmethode
```

```
    return self._saldo
end

-- Verwendung
local k = Konto:new(100)
k:einzahlen(50)
-- print(k._saldo) -- MÖGLICH, aber gilt als SCHLECHTE PRAXIS, direkt darauf
zuzugreifen
print("Aktueller Saldo:", k:getSaldo()) -- Bevorzugter Weg
```

Diese Unterstrich-Konvention beruht ausschließlich auf der Disziplin des Programmierers. Es ist ein Signal, das besagt: „Du solltest dies wahrscheinlich nicht direkt von außerhalb der eigenen Methoden des Objekts anfassen."

Simulation echter Privatsphäre: Es *ist* möglich, eine stärkere Kapselung mithilfe von Closures (Kapitel 5) zu erreichen. Du kannst Methoden innerhalb des Konstruktors definieren, wo sie Closures über local-Variablen bilden, die die Instanzdaten enthalten. Diese lokalen Variablen sind dann von außen wirklich unzugänglich.

```
function erstelleSicheresKonto(anfangsSaldo)
  local saldo = anfangsSaldo -- Wirklich lokal, von außen unzugänglich

  local instanz = {} -- Die öffentliche Schnittstellen-Tabelle

  function instanz:einzahlen(betrag)
    saldo = saldo + betrag
  end

  function instanz:abheben(betrag)
    if betrag > saldo then error("Unzureichende Deckung") end
    saldo = saldo - betrag
  end

  function instanz:getSaldo()
    return saldo
  end

  -- Keine Metatabelle hier für Basismethoden nötig, könnte aber
  -- für Vererbung oder Operatorüberladung hinzugefügt werden.
  return instanz
end

local sicheresKonto = erstelleSicheresKonto(200)
sicheresKonto:einzahlen(25)
print(sicheresKonto:getSaldo()) -- Ausgabe: 225
```

```
-- print(sicheresKonto.saldo) -- Ausgabe: nil (Die 'saldo'-Variable ist nicht in
der Tabelle)
```

Dieser closure-basierte Ansatz bietet echte Privatsphäre, kann aber komplexer einzurichten sein, insbesondere bei Vererbung, und könnte im Vergleich zum Standard-Metatabellen-Ansatz geringfügige Leistungseinbußen haben. Für die meisten typischen OOP-Bedürfnisse in Lua ist die Unterstrich-Konvention in Kombination mit Metatabellen ausreichend und idiomatischer.

Mehrfachvererbung (kurz)

Was ist, wenn du möchtest, dass eine Klasse Verhalten von *mehr als einer* Elternklasse erbt? Luas grundlegendes `__index = ElternTabelle` unterstützt nur einfache Vererbung direkt.

Mehrfachvererbung kann erreicht werden, führt aber Komplexitäten ein (wie das „Diamantproblem" – was passiert, wenn zwei Elternteile Methoden mit demselben Namen bereitstellen?). Eine gängige Lua-Technik beinhaltet das Setzen der `__index`-Metamethode auf eine **Funktion**. Diese Funktion erhält die Tabelle und den fehlenden Schlüssel als Argumente und kann dann eine benutzerdefinierte Suchstrategie implementieren, die eine Liste von Elterntabellen in einer definierten Reihenfolge durchsucht.

```
-- Vereinfachtes Konzept - KEIN Produktionscode
local function sucheEltern(eltern)
  return function(instanz, schluessel)
    for _, elternteil in ipairs(eltern) do
      local wert = elternteil[schluessel]
      if wert then return wert end -- In einem Elternteil gefunden
    end
    return nil -- In keinem Elternteil gefunden
  end
end

local Flieger = { fliegen = function(self) print(self.name .. " fliegt!") end }
local Schwimmer = { schwimmen = function(self) print(self.name .. " schwimmt!")
end }

local Ente = { name = "Ente" }
-- Lasse Ente von Flieger UND Schwimmer erben
setmetatable(Ente, { __index = sucheEltern({ Flieger, Schwimmer }) })
```

```
Ente:fliegen()  -- Ausgabe: Ente fliegt!
Ente:schwimmen() -- Ausgabe: Ente schwimmt!
```

Obwohl möglich, kann Mehrfachvererbung Klassenhierarchien verwirrend machen. Oft werden alternative Designmuster wie **Komposition** (bei der ein Objekt Instanzen anderer Objekte *hat* und Aufgaben an sie delegiert) oder die Verwendung von **Mixins** (Tabellen von Funktionen, die in eine Klasse gemischt werden) in Lua als sauberere Lösungen angesehen.

Vergleich von Lua OOP mit anderen Sprachen

- **Flexibilität vs. Rigidität:** Luas tabellenbasiertes OOP ist weniger starr als kompilierzeitbasierte Klassensysteme. Du kannst einzelnen Objekten Methoden hinzufügen, die „Klasse" eines Objekts zur Laufzeit ändern (indem du seine Metatabelle änderst) und leicht prototypbasierte Vererbung implementieren.
- **Einfachheit (Kernsprache):** Die Kernsprache bleibt einfach; OOP wird *auf* bestehenden Features aufgebaut (Tabellen, Funktionen, Metatabellen), nicht als separate komplexe Syntax hinzugefügt.
- **Explizite Mechanismen:** Das Verständnis von `__index` und Metatabellen ist essentiell. Die Magie ist weniger versteckt als in einigen Sprachen mit dedizierter `class`-Syntax.
- **Konvention statt Erzwingung:** Konzepte wie Privatsphäre beruhen stark auf Programmiererkonventionen statt auf Spracherzwingung.

Kapitelzusammenfassung

Dieses Kapitel hat gezeigt, dass Lua, obwohl es keine eingebaute `class`-Syntax hat, alle notwendigen Werkzeuge bereitstellt, um objektorientierte Programmierparadigmen effektiv zu implementieren. Du hast gelernt, wie man Objekte und Klassen mit Tabellen repräsentiert, wie der Doppelpunktoperator (`:`) die Methodendefinition und -aufrufe durch implizite Handhabung des `self`-Parameters vereinfacht und wie die `__index`-Metamethode der Schlüssel zur Verknüpfung von Instanzen mit Prototyp-/Klassentabellen für die Methodensuche und einfache Vererbung ist. Wir haben das gängige Konstruktormuster (`Klasse:new`) zur Erstellung von Instanzen untersucht und gesehen, wie Vererbungshierarchien durch Verkettung von `__index`-Suchen über Metatabellen aufgebaut werden können. Wir haben auch Privatsphärekonventionen (_) im Vergleich zu echter Kapselung mit Closures diskutiert und kurz die Komplexitäten und Alternativen zur Mehrfachvererbung angesprochen. Luas Ansatz zur OOP ist flexibel, leistungsstark und beruht grundlegend auf den Kernkonzepten von Tabellen und Metatabellen, die du zuvor gelernt hast.

Nachdem du nun gesehen hast, wie Lua gängige Programmierstrukturen und -paradigmen handhabt, schauen wir uns im nächsten Kapitel an, wo Lua in realen Szenarien häufig eingesetzt wird.

16

Lua in der realen Welt

Nachdem du Luas Datenstrukturen, Kontrollfluss, Funktionen, objektorientierte Muster (Kapitel 15) und Standardbibliotheken (Kapitel 12) erkundet hast, fragst du dich vielleicht: Wo trifft all diese Theorie auf die Praxis? Wo macht Lua tatsächlich einen Unterschied in der Welt? Während einige Sprachen bestimmte Nischen dominieren, liegt Luas Stärke in seiner bemerkenswerten Vielseitigkeit. Seine Kombination aus Einfachheit, Geschwindigkeit, geringer Größe und beispielloser Integrationsfreundlichkeit macht es zu einem wertvollen Werkzeug in einer überraschend vielfältigen Palette von Anwendungen. Dieses Kapitel wirft ein Schlaglicht auf einige der Schlüsseldomänen, in denen Lua signifikanten Erfolg gefunden hat, und demonstriert seinen praktischen Wert jenseits der Grundlagen.

Lua als Erweiterungssprache

Die vielleicht häufigste und prägendste Rolle für Lua ist die als **Erweiterungs-** oder **Skripting**-Sprache, eingebettet in größere Anwendungen, die in kompilierten Sprachen wie C oder C++ geschrieben sind. Dies war schließlich eines seiner primären Designziele, wie in Kapitel 1 besprochen.

Warum Lua einbetten?

Stell dir vor, du hast eine komplexe wissenschaftliche Simulation, ein Grafikdesign-Tool oder eine Serveranwendung in C++ erstellt. Du möchtest Benutzern (oder anderen Entwicklern in deinem Team) ermöglichen, ihr Verhalten anzupassen, sich wiederholende Aufgaben zu automatisieren oder neue Funktionen hinzuzufügen, ohne die gesamte Kernanwendung neu kompilieren zu müssen. Das Einbetten von Lua bietet eine perfekte Lösung:

- **Flexibilität:** Benutzer können einfache Lua-Skripte schreiben, um Aspekte der Hauptanwendung zu steuern.
- **Sicherheit:** Die Lua-Umgebung läuft innerhalb einer Sandbox. Skripte können normalerweise nicht die gesamte Host-Anwendung zum Absturz bringen, es sei denn, gefährliche Operationen werden explizit erlaubt.
- **Schnelles Prototyping:** Neue Funktionen oder Logik können oft viel schneller in Lua als in C++ entwickelt werden.
- **Zugänglichkeit:** Benutzer benötigen keine komplexen C++-Build-Umgebungen; sie können oft einfach textbasierte Lua-Skripte bearbeiten.

Die C-Anwendung verwendet die Lua C API (Kapitel 14), um einen Lua-Zustand zu erstellen, spezifische C-Funktionen oder Datenstrukturen für die Lua-Umgebung verfügbar zu machen (z. B. `hostApp.setColor("red")` -> `hostApp:setFarbe("rot")`) und dann Lua-Skripte zu laden und auszuführen.

Anwendungsfälle für eingebettetes Lua

- **Konfigurationsdateien:** Anstelle von reinen Textdateien oder komplexen Formaten wie XML/YAML verwenden einige Anwendungen Lua-Skripte zur Konfiguration. Dies ermöglicht dynamische Einstellungen, bedingte Logik und Berechnungen direkt innerhalb der Konfiguration selbst.

```lua
-- config.lua (Beispielkonfiguration)
local ist_produktion = os.getenv("APP_ENV") == "production"

einstellungen = {
  fenster_titel = "Meine Anwendung v1.2",
  grafik = {
    aufloesung_x = 1920,
    aufloesung_y = 1080,
    vollbild = ist_produktion, -- Logik in der Konfig verwenden!
    vsync = true
  },
  netzwerk = {
    server_ip = ist_produktion and "10.0.1.5" or "127.0.0.1",
    port = 8080
  },
  -- Definiere eine Funktion, die die Host-App aufrufen kann
```

```
  beim_start = function()
    print("Konfiguration geladen! Produktionsmodus:", ist_produktion)
  end
}
-- Die C++-Anwendung würde diese Datei laden, ausführen
-- und dann Werte aus der globalen 'einstellungen'-Tabelle lesen.
```

- **Plugin-Systeme:** Viele Anwendungen ermöglichen es Drittentwicklern, ihre Funktionalität durch Plugins zu erweitern. Lua ist eine beliebte Wahl für Plugin-Skripting, da es relativ einfach zu lernen und sicher auszuführen ist. Die Host-Anwendung definiert eine API, die Lua-Plugins aufrufen können, um mit den Kernfunktionen der Anwendung zu interagieren.

- **Spezifische Beispiele:**

    - **Adobe Lightroom:** Verwendet Lua für die Entwicklung von Plugins zur Automatisierung von Fotobearbeitungsaufgaben, zum Hinzufügen von UI-Elementen und zur Integration mit Webdiensten.
    - **Redis:** Ermöglicht komplexe atomare Operationen und serverseitiges Skripting mithilfe von Lua-Prozeduren.
    - **Neovim / Vim:** Moderne Texteditoren, die Lua umfassend für Konfiguration und Plugin-Entwicklung nutzen und erhebliche Leistungsvorteile gegenüber älteren Skripting-Methoden bieten.
    - **Wireshark:** Der Netzwerkprotokollanalysator verwendet Lua zum Schreiben benutzerdefinierter Protokoll-„Dissectors" und Nachbearbeitungsskripten.
    - **Nginx (über OpenResty):** Obwohl auch ein Webserver-Anwendungsfall, bettet OpenResty Lua grundlegend tief in den Nginx-Anforderungsverarbeitungszyklus ein.

Spieleentwicklung antreiben

Die Spieleentwicklung ist wohl Luas sichtbarste und erfolgreichste Domäne. Seine Eigenschaften machen es zu einer nahezu perfekten Ergänzung für viele Aspekte der Spieleerstellung.

Warum Lua in Spielen?

- **Schnelle Iteration:** Spiellogik (wie KI-Verhalten, Quest-Fortschritt, Waffenstatistiken, UI-Fluss) erfordert oft häufige Anpassungen während der

Entwicklung. Das Ändern von Lua-Skripten ist viel schneller als das Neukompilieren großer C++-Codebasen, was Designern und Skriptern ermöglicht, schnell zu experimentieren und zu iterieren.

- **Einfache Bedienung**: Luas einfache Syntax macht es für Teammitglieder zugänglich, die keine Hardcore-C++-Programmierer sind, wie Game Designer oder Level-Skripter.
- **Leistung**: Während C++ die Schwerstarbeit der Grafik-Engine und Physik übernimmt, ist Lua im Allgemeinen schnell genug für die Skripting-Schicht, die steuert, *was* die Engine tut. LuaJIT (eine hochperformante Implementierung von Lua 5.1) wird oft für noch höhere Geschwindigkeit verwendet.
- **Einbettbarkeit & geringer Speicherbedarf**: Spiel-Engines (oft in C++ geschrieben) können Lua leicht einbetten, und seine geringe Größe ist vorteilhaft, insbesondere auf ressourcenbeschränkten Plattformen wie Mobilgeräten oder Konsolen.
- **Modding**: Das Bereitstellen einer Lua-API ermöglicht es Spielern, Modifikationen („Mods") für Spiele zu erstellen, deren Lebensdauer zu verlängern und lebendige Gemeinschaften aufzubauen (z. B. World of Warcraft UI-Addons).

Spiellogik skripten

Lua wird häufig verwendet, um Folgendes zu skripten:

- **Künstliche Intelligenz (KI)**: Definieren, wie Nicht-Spieler-Charaktere (NPCs) auf den Spieler reagieren, Entscheidungen treffen und sich in der Welt bewegen.
- **Benutzeroberfläche (UI)**: Behandlung von Button-Klicks, Anzeige von Informationen, Verwaltung von Menüs und Animation von UI-Elementen.
- **Gameplay-Ereignisse**: Definieren, was passiert, wenn bestimmte Ereignisse eintreten (z. B. Spieler betritt eine Region, schließt ein Ziel ab, hebt einen Gegenstand auf).
- **Quests und Dialoge**: Skripten des Quest-Flusses, der Bedingungen für den Fortschritt und der Charaktergespräche.
- **Waffen-/Gegenstandsverhalten**: Definieren von Schaden, Effekten, Abklingzeiten und Spezialfähigkeiten.

Beliebte Engines und Spiele

- **Roblox:** Verwendet seinen eigenen optimierten Dialekt, Luau, und ermöglicht Millionen von Benutzern, interaktive Erlebnisse zu erstellen und zu teilen.

Dies ist eine der größten Bereitstellungen von Lua-ähnlicher Technologie weltweit.

- **Defold Engine:** Eine kostenlose, leichtgewichtige Engine, die von King (und später der Defold Foundation) entwickelt wurde und Lua als primäre Skriptsprache verwendet.
- **LÖVE (oder Love2D):** Ein beliebtes Open-Source-Framework zur Erstellung von 2D-Spielen in Lua, bekannt für seine Einfachheit und unterstützende Community.
- **Solar2D (ehemals Corona SDK):** Ein weiteres ausgereiftes Framework, das Lua verwendet und oft für die Entwicklung von mobilen Spielen und Apps bevorzugt wird.
- **World of Warcraft:** Berühmt für seine umfangreichen UI-Modifikationsmöglichkeiten, die von Lua angetrieben werden. Spieler schreiben Addons, um fast jeden Aspekt der Spieloberfläche anzupassen.
- **Civilization-Serie:** Verwendet Lua für verschiedene Skripting-Aufgaben, einschließlich KI- und UI-Elementen.
- ...und unzählige andere, von kleinen Indie-Titeln bis hin zu großen AAA-Produktionen, die Lua oft intern verwenden, auch wenn es nicht öffentlich beworben wird.

Lua im Web

Während Sprachen wie JavaScript (Node.js), Python (Django/Flask), Ruby (Rails) oder PHP die allgemeine Webentwicklung dominieren, hat sich Lua eine bedeutende Nische in der **hochperformanten Web-Infrastruktur** erarbeitet.

Serverseitiges Skripting mit OpenResty

Der prominenteste Akteur hier ist **OpenResty**. Es ist technisch gesehen kein Lua-Webserver selbst, sondern eine stark erweiterte Webplattform, die durch die Bündelung des Standard-Nginx-Webservers mit einer leistungsstarken LuaJIT-Integration erstellt wird.

- **Nginx + LuaJIT:** OpenResty ermöglicht es Entwicklern, Lua-Skripte zu schreiben, die direkt innerhalb der effizienten, ereignisgesteuerten Architektur von Nginx laufen. Diese Skripte können verschiedene Phasen des HTTP-Anfrage-/Antwort-Lebenszyklus abfangen.
- **Anwendungsfälle:** Entwickler verwenden OpenResty/Lua für:

- Den Aufbau hochperformanter dynamischer Webanwendungen und APIs.
- Die Erstellung anspruchsvoller API-Gateways (wie Kong, das auf OpenResty basiert).
- Die Implementierung dynamischer Routing-, Authentifizierungs- und Anfrage-/Antwort-Transformationslogik.
- Die Entwicklung von Web Application Firewalls (WAFs).
- Echtzeit-Analysen und Anforderungsprotokollierung.
- **Vorteile:**
  - **Leistung:** Nutzt die Geschwindigkeit von Nginx und die nahezu C-Leistung von LuaJIT für geskriptete Logik.
  - **Nebenläufigkeit:** Nutzt das nicht-blockierende I/O-Modell von Nginx hervorragend, oft kombiniert mit Lua-Coroutinen (verwaltet von Bibliotheken innerhalb von OpenResty), um Zehntausende gleichzeitiger Verbindungen effizient zu handhaben, ohne die hohe Ressourcennutzung traditioneller Threaded-Server.

Lua Web Frameworks

Während OpenResty die Grundlage bietet, wurden mehrere Web-Frameworks darauf aufgebaut (oder laufen unabhängig davon), um übergeordnete Strukturen (wie Model-View-Controller-Muster) für den Aufbau von Webanwendungen in Lua anzubieten:

- **Lapis:** Ein beliebtes Framework für Lua/OpenResty, das Geschwindigkeit betont und Werkzeuge für Routing, HTML-Templating, Datenbankzugriff usw. bereitstellt (http://leafo.net/lapis/)
- **Sailor:** Ein weiteres MVC-Framework für Lua. (https://sailorproject.org/)

Lua im Web glänzt besonders dort, wo Leistung und hohe Nebenläufigkeit unter starker Last kritische Anforderungen sind.

Andere interessante Anwendungsfälle

Luas Flexibilität führt zu seiner Einführung in verschiedenen anderen Bereichen:

- **Textverarbeitung:** Luas leistungsstarke `string`-Bibliothek, insbesondere ihre Mustererkennung (Kapitel 8), macht sie sehr fähig für Aufgaben wie Textmanipulation, Datenextraktion aus Protokollen, einfaches Parsen und Formatkonvertierung.

- **Systemadministration:** Zum Schreiben kleiner, schneller Automatisier-ungsskripte kann Lua eine Alternative zu Shell-Skripten, Perl oder Python sein, insbesondere wenn Abhängigkeiten minimal sein müssen oder eine Integration mit einer C-Anwendung erforderlich ist.
- **Eingebettete Systeme:** Obwohl C aufgrund seiner direkten Hardwaresteuer-ung dominant bleibt, macht Luas extrem geringer Speicherbedarf (der Kern-interpreter kann unter 200 KB groß sein) und seine Portabilität es zu einer praktikablen Option für das Skripting auf einigen ressourcenbeschränkten Mikrocontrollern oder eingebetteten Linux-Systemen, bei denen eine Skript-ing-Schicht vorteilhaft ist. Projekte wie eLua zielen speziell auf diese Plattfor-men ab.
- **Wissenschaftliches Rechnen:** Während Sprachen wie Python (mit NumPy/ SciPy) oder spezialisierte Sprachen wie R oder Julia häufiger vorkommen, wird Lua manchmal als „Glue"-Sprache in wissenschaftlichen Rechnerumge-bungen verwendet, um Arbeitsabläufe zu orchestrieren oder Skripting-Schnittstellen für große Simulationscodes bereitzustellen, die oft in Fortran oder C/C++ geschrieben sind.

Kurze Fallstudien (Szenarien)

Lassen Sie uns einige frühere Konzepte mit diesen Anwendungen im Hinterkopf erneut betrachten:

1. **Spiel-Mod-Konfiguration:** Ein Spiel stellt eine Lua-API bereit. Ein Spieler möchte die Farbe eines bestimmten UI-Elements ändern. Er könnte ein ein-faches `config.lua`-Skript schreiben, das vom Addon-System des Spiels geladen wird:

```lua
-- Mod config.lua
local ui_elemente = HostSpiel.GetUIElemente() -- Rufe C++-Funktion auf,
die Lua bereitgestellt wird
local lebensbalken = ui_elemente.Lebensbalken

if lebensbalken then
  lebensbalken:SetFarbe(0.8, 0.1, 0.1, 0.9) -- Rufe Methode auf Objekt
auf, das von C++ bereitgestellt wird
  lebensbalken:SetTextFormat("{wert} / {max_wert}")
end
```

Verwendet Tabellen, potenziell Userdata/Metatabellen aus C++, Funktionsaufrufe.

2. **Dynamisches Webserver-Routing (OpenResty):** Ein Webserver muss Anfragen basierend auf der Region eines Benutzers weiterleiten, die durch seine IP-Adresse bestimmt wird. Ein OpenResty-Lua-Skript könnte dies handhaben:

```lua
-- access_phase.lua (Läuft früh in der Nginx-Anforderungsverarbeitung)
local geo_lookup = require("geoip_lib") -- Hypothetisches GeoIP-Modul
local request_ip = ngx.var.remote_addr    -- Hole Anfrage-IP aus Nginx-
Variable

local region = geo_lookup.get_region(request_ip)

if region == "EU" then
  ngx.var.backend_server = "eu_server_pool" -- Setze Nginx-Variable für
Upstream
elseif region == "US" then
  ngx.var.backend_server = "us_server_pool"
else
  ngx.var.backend_server = "default_server_pool"
end
-- Nginx setzt Verarbeitung fort und verwendet die 'backend_server'-
Variable
```

Verwendet Module, ngx-*API (spezifisch für OpenResty), bedingte Logik.*

3. **Benutzerdefinierte Datenvalidierung (Eingebettet):** Eine Anwendung ermöglicht es Benutzern, Validierungsregeln für die Dateneingabe mithilfe von Lua zu definieren.

```lua
-- validierungs_regel.lua
function validiere_produkt_code(code)
  -- Regel: Muss 8 Zeichen lang sein, mit 'P' beginnen, mit einer Ziffer
enden
  if type(code) ~= "string" then return false, "Code muss ein String
sein" end
  if #code ~= 8 then return false, "Code muss 8 Zeichen lang sein" end

  -- Verwende String-Muster (Kapitel 8)
  local muster = "^P%w+%d$" -- Beginnt mit P, beliebige alphanumerische,
endet mit Ziffer
  if string.match(code, muster) then
    return true -- Gültig
  else
    return false, "Ungültiges Format (muss PxxxxxxZ sein)"
  end
end
```

```
-- Host-Anwendung ruft validiere_produkt_code(benutzerEingabe) über C-
API auf
```

Verwendet Funktionen, Typüberprüfung, String-Bibliothek, Muster.

Kapitelzusammenfassung

Lua ist weit mehr als nur eine akademische Übung; es ist eine pragmatische Sprache, die reale Probleme in verschiedenen Branchen löst. Wir haben ihre entscheidende Rolle als **Erweiterungssprache** gesehen, die Anpassung und Skripting in Anwendungen von Grafikdesign-Software bis hin zu Datenbanken und Texteditoren ermöglicht. Ihre Dominanz in der **Spieleentwicklung** für das Skripting von Logik, KI und UI ist unbestreitbar, angetrieben von ihrer Geschwindigkeit, Einfachheit und leichten Einbettbarkeit. In der **Web-Welt** glänzt Lua in Hochleistungsszenarien, insbesondere durch Plattformen wie OpenResty. Wir haben auch ihre Nützlichkeit bei der Textverarbeitung, Systemadministration und sogar in spezialisierten eingebetteten Systemen angesprochen. Diese praktischen Anwendungen demonstrieren Luas Wertversprechen: eine kleine, schnelle, portable und leicht integrierbare Sprache, ideal zur Erweiterung größerer Systeme oder zum Aufbau spezialisierter, effizienter Anwendungen.

Die erfolgreiche Implementierung von Lua in diesen realen Projekten erfordert mehr als nur die Kenntnis der Syntax; sie erfordert das Schreiben von Code, der sauber, lesbar, wartbar, testbar und effizient ist. Im nächsten Kapitel konzentrieren wir uns genau auf diese Aspekte und behandeln Programmierstil, Debugging-Techniken, Teststrategien und Leistungsüberlegungen, um dir zu helfen, hochwertigen Lua-Code zu schreiben.

17

Qualitativ hochwertigen Code schreiben

Du bist durch Luas Kernfunktionen gereist, hast seine mächtigen Tabellen und Metatabellen erkundet, gelernt, Code mit Modulen zu organisieren (Kapitel 10), Fehler zu behandeln (Kapitel 9) und sogar einen Blick auf die Interaktion mit C (Kapitel 14) und seine realen Anwendungen (Kapitel 16) geworfen. Die Sprachfunktionen zu kennen ist essentiell, aber Code zu schreiben, der *funktioniert*, ist nur die erste Hürde. Um robuste, skalierbare und kollaborative Projekte zu bauen, musst du *qualitativ hochwertigen* Code schreiben – Code, der nicht nur funktional ist, sondern auch klar, leicht verständlich, einfach zu modifizieren und nachweislich korrekt. Dieses Kapitel konzentriert sich auf das Handwerk der Lua-Programmierung: die Annahme guter Programmierstile, das effektive Finden und Beheben von Fehlern (Debugging), die Überprüfung der Korrektheit durch Testen und die Berücksichtigung der Leistung, wenn es wirklich darauf ankommt. Diese Praktiken heben deinen Code von einem einfachen Skript zu professioneller Softwarequalität.

Die Bedeutung von gutem Code

Warum solltest du dich über die reine Funktionalität hinaus um Codequalität kümmern?

- **Lesbarkeit:** Code wird weitaus häufiger gelesen als geschrieben, sowohl von anderen als auch von deinem zukünftigen Ich. Klarer, gut strukturierter Code ist leichter zu verstehen und reduziert den mentalen Aufwand, der erforderlich ist, um herauszufinden, was er tut. Stell es dir vor wie das Lesen eines gut formatierten Buches im Vergleich zum Entziffern hastig hingekritzelter Notizen.
- **Wartbarkeit:** Software entwickelt sich weiter. Anforderungen ändern sich, Fehler werden gefunden, Funktionen werden hinzugefügt. Code, der leicht verständlich ist, ist auch einfacher und sicherer zu modifizieren. Schlecht geschriebener Code kann einfache Änderungen in komplexe, riskante Operationen verwandeln.
- **Zusammenarbeit:** Wenn du in einem Team arbeitest (oder auch nur Code mit anderen teilst), ist ein konsistenter und lesbarer Stil von größter Bedeutung. Er ermöglicht es jedem, die Codebasis effektiver zu verstehen und dazu beizutragen.
- **Debugging:** Sauberer Code ist oft leichter zu debuggen. Wenn die Logik geradlinig und gut organisiert ist, wird das Auffinden der Fehlerquelle viel einfacher.

Die Investition von Zeit in das Schreiben von qualitativ hochwertigem Code zahlt sich langfristig erheblich aus und spart Zeit, Mühe und Frustration.

Lua-Programmierstil und Konventionen

Obwohl Luas Syntax flexibel ist, macht das Befolgen etablierter Konventionen den Code für jeden, der mit Lua vertraut ist, lesbarer und vorhersehbarer. **Konsistenz** ist das wichtigste Prinzip – wähle einen Stil und bleibe ihm in deinem gesamten Projekt treu.

Namenskonventionen

- **Variablen und Funktionen:** Wähle beschreibende Namen, die den Zweck klar angeben. `spieler_punktestand` oder `berechneGesamt` ist viel besser als `sp` oder `ber`. Gängige Schreibweisen sind:
  - `camelCase`: `spielerName`, `maxGesundheit`, `leseBenutzerEingabe` (oft in Anwendungscode zu sehen).
  - `snake_case`: `spieler_name`, `max_gesundheit`, `lese_benutzer_eingabe` (oft in Bibliotheken zu sehen, insbesondere solchen, die mit C interagieren).

- Keiner ist offiziell „besser"; wähle einen Stil für dein Projekt und wende ihn konsequent an.
- **Konstanten:** Für Werte, die konstant bleiben sollen, ist die Konvention, nur Großbuchstaben mit Unterstrichen als Trennzeichen zu verwenden: `MAX_SPIELER`, `STANDARD_TIMEOUT`. (Lua erzwingt keine Konstanten, dies ist rein eine Konvention zur Lesbarkeit).
- **Boolesche Variablen:** Profitieren oft von Namen, die mit `ist`, `hat` oder `sollte` beginnen (z. B. `istAktiv`, `hatKollidiert`).
- **Modultabellen:** Oft `M` oder ein kurzer, beschreibender Name innerhalb der Moduldatei genannt (wie in Kapitel 10 gesehen).

Einrückung und Abstände

- **Einrückung:** Verwende Leerzeichen (typischerweise 2 oder 4 pro Einrückungsebene) oder Tabulatoren konsistent, um die Codestruktur innerhalb von Blöcken (`if`, `for`, `while`, `function` usw.) anzuzeigen. Das Mischen von Leerzeichen und Tabulatoren wird generell nicht empfohlen, da es zu inkonsistenter Darstellung in verschiedenen Editoren führt.
- **Leerzeichen:** Verwende Leerzeichen um Operatoren (`a + b` nicht `a+b`) und nach Kommas (`func(a,  b)` nicht `func(a,b)`), um die Lesbarkeit zu verbessern.
- **Leerzeilen:** Verwende Leerzeilen sparsam, um logische Codeabschnitte innerhalb einer Funktion oder Datei zu trennen und die visuelle Organisation zu verbessern.

```
-- Gute Einrückung und Abstände
local function berechneSchaden(grundSchaden, verteidigung, kritischerTreffer)
  local effektiverSchaden = grundSchaden - verteidigung
  if effektiverSchaden < 0 then
    effektiverSchaden = 0 -- Kann keinen negativen Schaden verursachen
  end

  if kritischerTreffer then
    effektiverSchaden = effektiverSchaden * 2
  end

  return effektiverSchaden
end

-- Weniger lesbare Version
function berechneSchaden(grundSchaden,verteidigung,kritischerTreffer)
local effektiverSchaden=grundSchaden-verteidigung
```

```
if effektiverSchaden<0 then
effektiverSchaden=0
end
if kritischerTreffer then
effektiverSchaden=effektiverSchaden*2
end
return effektiverSchaden
end
```

Zeilenlänge

Ziele darauf ab, Codezeilen relativ kurz zu halten, oft um die **80 Zeichen**. Dieser Standard stammt aus historischen Terminalbreiten, bleibt aber praktisch, weil:

- Er horizontales Scrollen in den meisten Editoren und Code-Review-Tools vermeidet.
- Er dazu ermutigt, komplexe Anweisungen in einfachere aufzuteilen.
- Er generell die Lesbarkeit verbessert.

Wenn eine Anweisung zu lang wird, teile sie auf oder umbreche sie logisch:

```
-- Lange Zeile
local durchschnitt = (punkte1 + punkte2 + punkte3 + punkte4 + punkte5 + punkte6)
/ 6

-- Besser: Aufteilen oder umbrechen
local gesamtPunkte = punkte1 + punkte2 + punkte3 + punkte4 + punkte5 + punkte6
local durchschnitt = gesamtPunkte / 6

-- Oder logisch umbrechen (Ausrichtung hilft)
local nachricht = "Spieler " .. spieler.name ..
                  " erreichte Level " .. spieler.level ..
                  " mit Punktestand " .. spieler.punkte .. "."
```

Verwende `local`-Variablen großzügig

Wie mehrfach betont (Kapitel 2, 5, 10), **deklariere Variablen immer mit** `local`, es sei denn, du benötigst explizit eine globale Variable (was selten sein sollte). Dies:

- Verhindert die versehentliche Änderung von Variablen aus anderen Teilen des Codes.
- Verbessert die Leistung geringfügig, da Lua auf Locals schneller zugreifen kann als auf Globals.

- Macht Code leichter verständlich, indem der Gültigkeitsbereich einer Variablen begrenzt wird.
- Hilft dem Garbage Collector (Kapitel 13), indem Variablen leichter ihren Gültigkeitsbereich verlassen und unerreichbar werden können.

Klug kommentieren

Kommentare erklären den Code für menschliche Leser. Schreibe Kommentare, um das *Warum* zu klären, nicht nur das *Was* (wenn der Code selbst klar ist).

- **Komplexe Logik erklären:** Wenn ein Algorithmus oder eine Berechnung nicht offensichtlich ist, erkläre die dahinterliegende Begründung.
- **Absicht klären:** Erkläre den Zweck eines kniffligen Codeabschnitts oder warum ein bestimmter Ansatz einem anderen vorgezogen wurde.
- **Annahmen dokumentieren:** Wenn dein Code auf spezifische Vorbedingungen oder externe Zustände angewiesen ist, dokumentiere sie.
- **Modul-/Funktionsheader:** Verwende Kommentare am Anfang von Dateien oder vor Funktionen, um deren Gesamtzweck, Parameter und Rückgabewerte zu erklären (Tools wie LDoc verwenden dafür spezielle Kommentarformate).
- **Offensichtliche Kommentare vermeiden:** Kommentiere keine Dinge, die der Code bereits klar aussagt.

```
-- Schlechter Kommentar:
local i = i + 1 -- Erhöhe i


-- Guter Kommentar:
-- Wende Gravitationsanpassung basierend auf Planetenmasse an
(Newtonsches Gesetz)
local kraft = G * masse1 * masse2 / (distanz ^ 2)
```

- **Kommentare aktuell halten:** Wenn du den Code änderst, stelle sicher, dass du auch die Kommentare entsprechend aktualisierst! Veraltete Kommentare sind schlimmer als keine Kommentare.

Fehler finden und beheben

Selbst bei sorgfältiger Programmierung passieren Fehler. **Debugging** ist der Prozess des Findens und Behebens von Fehlern in deinem Code.

Jenseits von `print`

Die bescheidene `print()`-Anweisung ist oft das erste Debugging-Werkzeug, zu dem Programmierer greifen, und sie kann für einfache Fälle überraschend effektiv sein. Du kannst `print(variable)`- oder `print(type(variable))` Aufrufe einfügen, um den Zustand deines Programms zu verfolgen.

- **Tipp:** Verwende `io.stderr:write(...)` für Debug-Meldungen. Dies schreibt oft in einen separaten Stream von der normalen Ausgabe deines Programms (`print` schreibt normalerweise nach `io.stdout`), was es einfacher macht, Debug-Informationen zu unterscheiden, besonders wenn dein Programm viel Standardausgabe erzeugt oder wenn die Standardausgabe umgeleitet wird. `io.stderr:write` fügt auch keine Tabs oder Zeilenumbrüche automatisch hinzu, was dir mehr Kontrolle gibt.

```lua
local function verarbeiten(daten)
  io.stderr:write(string.format("DEBUG: Verarbeite Daten: %q\n", daten))
  -- ... Verarbeitungslogik ...
  local ergebnis = daten * 2 -- Potenzieller Fehler, wenn Daten keine
Zahl sind!
  io.stderr:write(string.format("DEBUG: Ergebnis: %s\n",
tostring(ergebnis)))
  return ergebnis
end
```

- Kombiniere print mit `tostring` oder `string.format("%q", ...)` um verschiedene Datentypen elegant zu handhaben und Unterschiede zwischen `nil`, `"nil"`, Zahlen usw. zu erkennen.

Fehlermeldungen und Stack Traces nutzen

Wie in Kapitel 9 erwähnt, achte genau auf Luas Fehlermeldungen und Stack Traces. Sie lokalisieren den Ort (Datei und Zeile) und die Art des Laufzeitfehlers, und der Trace zeigt die Funktionsaufrufsequenz, die dazu geführt hat. Dies reicht oft aus, um die Fehlerquelle zu identifizieren. Verwende `debug.traceback()` innerhalb von `pcall`- oder `xpcall`-Fehlerhandlern, um diese Informationen programmatisch für die Protokollierung zu erfassen.

Die debug-Bibliothek intelligent einsetzen

Obwohl im Produktionscode generell vermieden, bietet die debug-Bibliothek (Kapitel 12) während der Entwicklung mächtige Werkzeuge:

- debug.getinfo(level oder func, "Sl"): Hole Quellcode- und Zeilennummerninformationen für eine spezifische Stack-Ebene oder Funktion.
- debug.getlocal(level, index) / debug.getupvalue(func, index): Untersuche die Namen und Werte lokaler Variablen oder Upvalues an spezifischen Punkten im Aufrufstack. Dies kann von unschätzbarem Wert sein, wenn ein Fehler tief in verschachtelten Aufrufen auftritt.
- Erinnere dich an debug.traceback() zur Generierung von Stack Traces bei Bedarf.

Externe Debugger

Für komplexere Szenarien kann print-Debugging mühsam werden. Visuelle Debugger bieten eine viel leistungsfähigere Erfahrung:

- **Haltepunkte (Breakpoints):** Setze Punkte in deinem Code, an denen die Ausführung pausieren soll.
- **Schrittweise Ausführung:** Führe Code Zeile für Zeile aus (step over, step into, step out).
- **Variableninspektion:** Untersuche die Werte lokaler und globaler Variablen (und oft Upvalues), während das Programm pausiert ist.
- **Aufrufstack-Inspektion:** Sieh dir den aktuellen Funktionsaufrufstack an.

Beliebte Lua-Debugger sind:

- **ZeroBrane Studio:** Eine leichtgewichtige Lua-IDE mit eingebautem Debugger.
- **VS Code Extensions:** Mehrere Erweiterungen bieten Debugging-Unterstützung für Lua innerhalb von Visual Studio Code (oft unter Verwendung von Protokollen wie dem Debug Adapter Protocol).
- Das Debuggen von eingebettetem Lua erfordert oft die Integration mit dem Debugger der Host-Anwendung (z. B. durch Verwendung von C-API-Aufrufen, um Haltepunkte auszulösen oder den Lua-Zustand von GDB/Visual Studio aus zu inspizieren).

Die Verwendung eines richtigen Debuggers kann die Zeit zum Finden und Beheben komplexer Fehler drastisch reduzieren.

Korrektheit sicherstellen

Debugging behebt Fehler, *nachdem* sie aufgetreten sind. **Testen** ist der proaktive Prozess der Überprüfung, ob dein Code unter verschiedenen Bedingungen korrekt funktioniert, mit dem Ziel, Fehler abzufangen, *bevor* sie Benutzer erreichen.

Warum testen?

- **Vertrauen:** Tests geben Vertrauen, dass dein Code wie beabsichtigt funktioniert.
- **Regressionsverhinderung:** Wenn du einen Fehler behebst oder eine Funktion hinzufügst, stellen Tests sicher, dass du nicht versehentlich vorhandene Funktionalität an anderer Stelle beschädigt hast (diese werden **Regressionstests** genannt).
- **Designverbesserung:** Das Nachdenken darüber, wie Code getestet werden kann, zwingt dich oft dazu, ihn modularer und testbarer zu schreiben (z. B. große Funktionen in kleinere, testbare Einheiten aufzuteilen).
- **Dokumentation:** Tests dienen als ausführbare Dokumentation und demonstrieren, wie dein Code verwendet werden soll und welche Ergebnisse erwartet werden.

Unit-Testing-Konzepte

Die häufigste Form des Testens ist das **Unit-Testing**. Ein Unit-Test konzentriert sich auf die Überprüfung eines kleinen, isolierten Code-Stücks (einer „Einheit"), typischerweise einer einzelnen Funktion oder Methode, isoliert vom Rest des Systems.

- **Arrange (Vorbereiten):** Richte alle notwendigen Vorbedingungen oder Eingabedaten für die zu testende Einheit ein.
- **Act (Ausführen):** Führe die Code-Einheit aus (z. B. rufe die Funktion auf).
- **Assert (Überprüfen):** Prüfe, ob das Ergebnis (Rückgabewerte, Nebeneffekte, Zustandsänderungen) dem erwarteten Ergebnis entspricht. Verwende `assert` (Kapitel 9) oder Assertionsfunktionen, die von Test-Frameworks bereitgestellt werden.

Lua-Testing-Frameworks

Obwohl du einfache Tests nur mit `assert` schreiben kannst, bieten dedizierte Testing-Frameworks Struktur, Testfindung, Berichterstattung und hilfreiche Assertionsfunktionen. Beliebte Optionen im Lua-Ökosystem sind:

- **Busted:** (http://olivinelabs.com/busted/) Ein weit verbreitetes, funktionsreiches Framework, inspiriert von RSpec (Ruby). Es unterstützt Behavior-Driven Development (BDD)-Stil (`describe`/`it`-Blöcke) und bietet viele eingebaute Assertions.
- **Telescope:** Eine weitere Option für ein Testing-Framework.
- Andere existieren, oft zugeschnitten auf spezifische Umgebungen (wie Spiel-Engines).

Beispiel mit Busted-Syntax (konzeptionell):

```lua
-- Angenommen, strutils.lua aus Kapitel 10 existiert
describe("String Utilities Modul (strutils)", function()
  local strutils = require("strutils") -- Arrange: Lade das Modul

  describe("istLeer()", function()
    it("sollte true für nil zurückgeben", function()
      assert.is_true(strutils.istLeer(nil)) -- Assert
    end)

    it("sollte true für leeren String zurückgeben", function()
      assert.is_true(strutils.istLeer("")) -- Assert
    end)

    it("sollte false für nicht-leeren String zurückgeben", function()
      assert.is_false(strutils.istLeer("hallo")) -- Assert
    end)

    it("sollte false für Zahlen zurückgeben", function()
      assert.is_false(strutils.istLeer(123)) -- Assert
    end)
  end)

  describe("wiederholeString()", function()
    it("sollte den String korrekt wiederholen", function()
      assert.are.equal("ababab", strutils.wiederholeString("ab", 3)) -- Assert
    end)

    it("sollte leeren String für 0 Wiederholungen zurückgeben", function()
      assert.are.equal("", strutils.wiederholeString("abc", 0)) -- Assert
    end)

    -- Busted bietet auch Möglichkeiten zu assertieren, dass ein Fehler auftritt
    it("sollte bei ungültiger Eingabe einen Fehler auslösen", function()
      assert.error(function() strutils.wiederholeString("a", -1) end)
    end)
  end)
```

```
end)
```

Das Ausführen von `busted` im Terminal würde diese Tests entdecken und ausführen und Erfolge und Misserfolge melden.

Testbaren Code schreiben

- **Reine Funktionen:** Funktionen, die für dieselbe Eingabe immer dieselbe Ausgabe zurückgeben und keine Nebeneffekte haben, sind am einfachsten zu testen.
- **Dependency Injection:** Anstatt eine Funktion direkt von globalem Zustand oder fest codierten externen Diensten (wie Netzwerkanfragen oder Datei-I/O) abhängig zu machen, übergib diese Abhängigkeiten als Argumente (oft als Tabellen oder Funktionen). In Tests kannst du dann „Mock"- oder „Stub"-Versionen dieser Abhängigkeiten übergeben, die kontrolliertes Verhalten bieten, ohne echten Netzwerk- oder Dateizugriff zu benötigen.
- **Kleine Einheiten:** Teile große, komplexe Funktionen in kleinere, fokussierte Funktionen auf, die jeweils eine testbare Teilaufgabe erfüllen.

Leistungsoptimierung

Lua ist im Allgemeinen schnell, aber manchmal wird Leistung kritisch.

Optimiere nicht vorzeitig

„Vorzeitige Optimierung ist die Wurzel allen Übels." - Donald Knuth (zugeschrieben)

Schreibe zuerst klaren, korrekten und lesbaren Code. Optimiere nur, wenn:

1. Du **weißt**, dass du ein Leistungsproblem hast.
2. Du deinen Code **gemessen** (profiliert) und die tatsächlichen **Engpässe** identifiziert hast.

Code zu optimieren, der kein Engpass ist, verschwendet Zeit und macht den Code oft schwerer lesbar und wartbar, für wenig oder keinen echten Gewinn.

Messen!

Verwende Werkzeuge, um herauszufinden, wo dein Code die meiste Zeit verbringt:

- `os.clock()`: Für grundlegende Zeitmessung spezifischer Codeblöcke.
- **Profiling-Tools:** Lua verfügt über eingebaute Profiling-Fähigkeiten (`debug.-sethook` mit dem `"l"`-Hook kann Zeilenausführungen zählen) und externe Profiler existieren (z. B. in ZeroBrane Studio eingebaut, eigenständige Profiler). Diese Werkzeuge geben eine detaillierte Aufschlüsselung der in jeder Funktion verbrachten Zeit.

Häufige Bereiche für Optimierung (Nach dem Profiling)

- **Tabellenerstellung:** Das Erstellen vieler Tabellen in engen Schleifen kann den GC unter Druck setzen. Verwende Tabellen wieder, wo möglich, wenn das Profiling zeigt, dass die Tabellenerstellung ein Engpass ist.
- **String-Konkatenation:** Das Verketten vieler Strings in einer Schleife mit `..` kann ineffizient sein, da jedes `..` einen neuen Zwischenstring erzeugt. Bei vielen Verkettungen ist es oft schneller, die Strings in eine Tabelle einzufügen und am Ende `table.concat` zu verwenden.

```
-- Langsamer in einer Schleife mit vielen Iterationen:
-- local ergebnis = ""
-- for i = 1, 10000 do ergebnis = ergebnis .. irgendein_string end

-- Oft schneller:
local teile = {}
for i = 1, 10000 do teile[i] = irgendein_string end
local ergebnis = table.concat(teile)
```

- **Globals lokalisieren:** Der Zugriff auf lokale Variablen ist schneller als der Zugriff auf globale Variablen. Wenn du eine globale Funktion (wie `math.sin`) oder Modultabelle wiederholt innerhalb einer leistungskritischen Schleife verwendest, lokalisiere sie außerhalb der Schleife:

```
-- Langsamer:
-- for i = 1, 100000 do local y = math.sin(i * 0.01) end

-- Schneller:
local sin = math.sin -- Lokalisiere den Funktionslookup
for i = 1, 100000 do local y = sin(i * 0.01) end
```

- **Algorithmen und Datenstrukturen:** Oft kommen die größten Gewinne durch die Wahl eines effizienteren Algorithmus oder einer für die Aufgabe besser geeigneten Datenstruktur, nicht durch Mikrooptimierung von Lua-Code.

- **LuaJIT:** Für rechenintensiven Lua-Code erwäge die Verwendung von LuaJIT (http://luajit.org/). Es ist ein separater, hochoptimierender Just-In-Time-Compiler für Lua 5.1 (mit einigen rückportierten Features), der dramatische Geschwindigkeitssteigerungen erzielen kann, oft nahe an C-Niveau-Leistung für numerischen Code.
- **Nach C verschieben:** Für die absolut anspruchsvollsten Teile deiner Anwendung implementiere sie als C-Funktionen, die von Lua über die C-API aufrufbar sind (Kapitel 14).

Defensiv programmieren

Schreibe Code, der potenzielle Probleme vorwegnimmt:

- **Funktionsargumente validieren:** Verwende `assert` oder `if`-Prüfungen am Anfang von Funktionen (insbesondere öffentlichen API-Funktionen), um sicherzustellen, dass Argumente vom erwarteten Typ und innerhalb gültiger Bereiche liegen. Scheitere schnell, wenn Eingaben ungültig sind.
- `nil` **behandeln:** Sei dir bewusst, welche Operationen `nil` zurückgeben können (Tabellensuchen, potenziell fehlschlagende Funktionen) und prüfe darauf, bevor du versuchst, das Ergebnis zu verwenden, insbesondere vor der Indizierung (`if wert then print(wert.feld) end`).
- **Elegante Fehlerbehandlung:** Verwende `pcall`, wo angebracht (Kapitel 9), um potenzielle Laufzeitfehler von externen Quellen oder Operationen zu behandeln, die unter bestimmten Bedingungen fehlschlagen könnten.

Dokumentation ist wichtig

Guter Code beinhaltet gute Dokumentation.

- **Öffentliche APIs:** Dokumentiere die von deinen Modulen bereitgestellten Funktionen und Variablen. Erkläre, was sie tun, welche Parameter sie erwarten (Typen, Zweck) und was sie zurückgeben.
- **Interne Kommentare:** Verwende Kommentare, um komplexe oder nicht offensichtliche Teile der Implementierung zu erklären (wie unter Stil besprochen).
- **Dokumentationsgeneratoren:** Werkzeuge wie **LDoc** (https://github.com/lunarmodules/LDoc) können automatisch HTML-Dokumentation aus speziell formatierten Kommentaren in deinem Lua-Code gen-

erieren, ähnlich wie Javadoc oder Doxygen. Die Einführung eines Dokumentationsgenerators fördert konsistente Dokumentationspraktiken.

Kapitelzusammenfassung

Dieses Kapitel wechselte vom reinen Kennen von Lua zum Erstellen von qualitativ hochwertigem Lua-Code. Wir haben die Bedeutung von Lesbarkeit, Wartbarkeit und Zusammenarbeit betont, angetrieben durch konsistenten **Programmierstil** (Benennung, Abstände, Lokalität, Kommentare). Du hast praktische **Debugging**-Strategien jenseits einfacher `print`-Anweisungen gelernt, einschließlich der Nutzung von Fehlermeldungen, Stack Traces und dem Potenzial dedizierter Debugger. Wir haben die entscheidende Praxis des **Testens** vorgestellt, mit Fokus auf Unit-Tests, dem Arrange-Act-Assert-Muster und der Rolle von Testing-Frameworks wie Busted. Wir haben die **Leistungsoptimierung** diskutiert, die Bedeutung des Messens vor dem Optimieren betont und gängige Bereiche wie Tabellen-/String-Handhabung und Lokalisierung behandelt, wobei auch LuaJIT und C-Integration als fortgeschrittene Optionen erwähnt wurden. Schließlich haben wir defensive Programmierung und den Wert klarer Dokumentation angesprochen. Die konsequente Anwendung dieser Prinzipien wird die Qualität, Robustheit und Langlebigkeit deiner Lua-Projekte erheblich verbessern.

Du hast nun die Breite der Lua-Sprache und die Praktiken für ihre effektive Nutzung abgedeckt. Unser letztes Kapitel wird die Reise kurz zusammenfassen und dich auf Ressourcen hinweisen, um deine Erkundung des lebendigen Lua-Ökosystems fortzusetzen.

18

Deine Lua-Reise geht weiter

Und einfach so hast du die Landschaft der Lua-Programmierung durchquert, von der ersten print-Anweisung bis zu den Feinheiten von Metatabellen, Coroutinen und sogar der C-API! Nimm dir einen Moment Zeit, um zu würdigen, wie weit du gekommen bist. Du hast mit den grundlegenden Bausteinen begonnen und sie nach und nach zu einem umfassenden Verständnis davon zusammengesetzt, wie Lua funktioniert und wie man seine elegante Kraft einsetzt. Dieses letzte Kapitel handelt nicht davon, neue Funktionen zu lernen, sondern darum, das Gelernte zu festigen, deine Fortschritte zu feiern und einen Kurs für deine fortgesetzte Erkundung des Lua-Universums abzustecken. Stell es dir vor wie das Erreichen eines malerischen Aussichtspunkts – eine Chance, auf den zurückgelegten Weg zurückzublicken und auf die aufregenden Möglichkeiten vorauszuschauen.

Du hast viel gelernt!

Lassen Sie uns kurz die wichtigsten Meilensteine auf deiner Lua-Reise durch dieses Buch nachzeichnen:

- Du hast mit den Grundlagen begonnen: Luas Philosophie, Einrichtung deiner Umgebung, grundlegende Syntax, Variablen und die Kerndatentypen wie `nil`, `boolean`, `number` und `string` (Kapitel 1-2).

- Du hast gelernt, den Fluss deiner Programme mit Operatoren, Ausdrücken, bedingter Logik mit `if`, `elseif`, `else` und Wiederholung mit `while`, `repeat` und `for`-Schleifen zu steuern (Kapitel 3-4).

- Du hast Funktionen gemeistert – ihre Definition, Übergabe von Argumenten, Erhalt mehrerer Rückgabewerte, Verständnis des Geltungsbereichs (`local`!) und Erkundung der Macht erstklassiger Funktionen, Closures und Rekursion (Kapitel 5).

- Du bist tief in Luas Eckpfeiler eingetaucht: die vielseitige `Tabelle`, hast gelernt, sie als Arrays und Wörterbücher zu verwenden und mit `pairs` und `ipairs` darüber zu iterieren (Kapitel 6).

- Du hast Tabellen-Superkräfte mit Metatabellen und Metamethoden wie `__index`, `__newindex`, `__add` und `__tostring` freigeschaltet, was Operatorüberladung und benutzerdefiniertes Verhalten ermöglichte (Kapitel 7).

- Du hast die Textmanipulation mithilfe der `string`-Bibliothek gemeistert, einschließlich leistungsstarker Mustererkennung (Kapitel 8).

- Du hast gelernt, robustere Programme zu schreiben, indem du Fehler mit `pcall`, `xpcall`, `assert` und `error` vorhersiehst und behandelst (Kapitel 9).

- Du hast entdeckt, wie man größere Projekte mit Modulen und Paketen mithilfe von `require` strukturiert (Kapitel 10).

- Du hast Luas einzigartigen Ansatz zum kooperativen Multitasking mit Coroutinen (`yield`, `resume`, `wrap`) erkundet (Kapitel 11).

- Du hast die essentiellen Werkzeuge der Lua-Standardbibliotheken kennengelernt: `math`, `os`, `io`, `table`, `debug` und `utf8` (Kapitel 12).

- Du hast die Prinzipien der automatischen Speicherverwaltung mittels Garbage Collection verstanden, einschließlich schwacher Tabellen und Finalizer (Kapitel 13).

- Du hast die Tür zur Erweiterung von Luas Fähigkeiten und zur Einbettung in andere Anwendungen geöffnet, indem du die Grundlagen der Lua C API und des virtuellen Stacks gelernt hast (Kapitel 14).

- Du hast gesehen, wie Luas flexible Features es dir ermöglichen, objektorientierte Programmiermuster zu implementieren (Kapitel 15).

- Du hast entdeckt, wo Lua in der realen Welt seinen Stempel aufdrückt, von der Spieleentwicklung und Webservern bis hin zum Anwendungsskripting (Kapitel 16).

- Schließlich hast du das Handwerk des Schreibens von Qualitätscode durch konsistenten Stil, effektives Debugging, essentielles Testen und bedachte Leistungsüberlegungen gelernt (Kapitel 17).

Das ist eine beträchtliche Menge an Wissen! Du besitzt nun eine solide Grundlage in der Lua-Programmierung.

Die lebendige Lua-Community

Programmiersprachen sind mehr als nur Syntax und Semantik; sie sind lebendige Ökosysteme, die von Entwicklergemeinschaften unterstützt werden. Die Auseinandersetzung mit der Lua-Community ist eine der besten Möglichkeiten, weiter zu lernen, Hilfe zu erhalten, wenn du feststeckst, und neue Bibliotheken und Techniken zu entdecken.

Hier sind einige wichtige Orte, um sich zu vernetzen:

- **Die offizielle Lua-Website (lua.org)**: Die Quelle der Wahrheit. Hier findest du die offizielle Dokumentation (einschließlich des Referenzhandbuchs), Quellcode-Downloads, Geschichte und Links zu anderen Ressourcen.
- **Lua-Mailingliste (lua.org/lua-l.html)**: Dies ist das primäre, langjährige Forum für Diskussionen unter Lua-Entwicklern, einschließlich der Spracherfinder. Es ist ein großartiger Ort, um technische Fragen zu stellen (nachdem du die Archive durchsucht hast!), Sprachdesign zu diskutieren und Ankündigungen zu sehen.
- **Lua Workshop (www.lua.org/wshop/)**: Eine jährliche Veranstaltung, bei der sich Lua-Entwickler aus aller Welt treffen, um Vorträge zu halten und ihre Arbeit mit Lua zu diskutieren. Präsentationen vergangener Workshops sind oft online verfügbar.
- **Online-Foren und Communities:**
    - **Stack Overflow**: Hat eine große Anzahl von Lua-bezogenen Fragen und Antworten. Denke daran, vor dem Fragen zu suchen!
    - **Reddit**: Das r/lua-Subreddit ist eine aktive Community für Neuigkeiten, Fragen und das Vorstellen von Projekten.
    - **Discord-Server**: Verschiedene Server, die Lua oder spezifischen Frameworks (wie LÖVE, Defold) gewidmet sind, existieren und bieten Echtzeit-Chat und Hilfe.

Zögere nicht, dich zu beteiligen. Gut formulierte Fragen zu stellen, deine Lösungen zu teilen und anderen zu helfen, sind großartige Möglichkeiten, dein eigenes Verständnis zu vertiefen.

Essentielle Ressourcen

Über die Community-Interaktion hinaus sind bestimmte Ressourcen für jeden ernsthaften Lua-Entwickler unverzichtbar:

- **Programming in Lua (PiL):** Geschrieben von Roberto Ierusalimschy, Luas Chefarchitekt, ist dies das definitive Buch über Lua. Es bietet tiefe Einblicke in das Sprachdesign und die praktische Anwendung. Während du möglicherweise die neueste Ausgabe kaufen musst, die aktuelle Versionen abdeckt, sind frühere Ausgaben (oft für Lua 5.0 oder 5.1) kostenlos online verfügbar (www.lua.org/pil/) und decken die Kernkonzepte immer noch extrem gut ab. Dieses Buch, das du gerade gelesen hast, zielt darauf ab, PiL zu ergänzen und einen anderen Weg durch das Material zu bieten. Das Lesen von PiL wird für einen tieferen Einblick dringend empfohlen.
- **Lua Referenzhandbuch (www.lua.org/manual/):** Dies ist die offizielle, präzise Spezifikation der Lua-Sprache und ihrer Standardbibliotheken für eine bestimmte Version. Es ist weniger ein Tutorial als vielmehr eine technische Referenz – von unschätzbarem Wert, wenn du die genaue Definition des Verhaltens einer Funktion oder die präzisen Syntaxregeln benötigst. Halte das Handbuch für deine Lua-Version griffbereit!
- **LuaRocks (luarocks.org):** So wie Python Pip und Node.js npm hat, hat Lua LuaRocks – den primären Paketmanager für Lua-Module. LuaRocks ermöglicht es dir, Tausende von Drittanbieter-Bibliotheken („Rocks"), die von der Community erstellt wurden, einfach zu entdecken, zu installieren und zu verwalten. Sie decken alles ab, von Web-Frameworks und Datenbanktreibern bis hin zu Datenstrukturen und Spieleentwicklungswerkzeugen. Die Verwendung von LuaRocks zu lernen ist unerlässlich, um das breitere Lua-Ökosystem zu nutzen.

Die Evolution von Lua

Lua ist nicht statisch; es entwickelt sich weiter, geleitet von seinen Kernprinzipien Einfachheit, Effizienz und Portabilität. Du wirst auf verschiedene Versionen von Lua stoßen (z. B. 5.1, 5.2, 5.3, 5.4 und zukünftige Versionen). Obwohl die Kernsprache bemerkenswert stabil bleibt, führen spätere Versionen subtile, aber nützliche Änderungen und Ergänzungen ein:

- **Lua 5.1:** Eine langlebige und einflussreiche Version, die die Basis für LuaJIT bildet.

- **Lua 5.2:** Führte _ENV zur Verwaltung von Umgebungen ein (beeinflusst den Zugriff auf globale Variablen), yieldbare pcall/Metamethoden und bitweise Operationen.
- **Lua 5.3:** Führte einen offiziellen Integer-Subtyp für Zahlen, die utf8-Bibliothek, bitweise Operatoren und Änderungen an der Float-/Integer-Division ein.
- **Lua 5.4:** Führte einen neuen Generationen-Garbage-Collector-Modus, neue toclose-Semantik für die Ressourcenverwaltung und const/close-Variablenattribute ein.

Du musst nicht jeden Unterschied auswendig lernen, aber sei dir bewusst, dass Code, der für eine Version geschrieben wurde, möglicherweise geringfügige Anpassungen für eine andere erfordert, insbesondere in Bezug auf später eingeführte Funktionen.

Ebenfalls von entscheidender Bedeutung ist **LuaJIT** (luajit.org). Obwohl es auf der Lua 5.1-Sprachspezifikation basiert (mit einigen rückportierten Features), verwendet LuaJIT einen hochentwickelten Just-In-Time-Compiler, um eine signifikant höhere Leistung zu erzielen, die oft an C-Geschwindigkeiten heranreicht, insbesondere für numerischen und repetitiven Code. Es wird häufig in der Spieleentwicklung (wie Defold) und Web-Infrastruktur (wie OpenResty) verwendet, wo Leistung von größter Bedeutung ist. Wenn du maximale Geschwindigkeit von Lua benötigst, ist LuaJIT das Werkzeug, das du untersuchen solltest.

Zurückgeben

Wenn du kompetenter wirst, erwäge, der Lua-Community etwas zurückzugeben:

- Hilf anderen auf Mailinglisten oder in Foren.
- Melde Fehler klar an das Lua-Team oder die Bibliotheksautoren.
- Schreibe deine eigenen nützlichen Module und veröffentliche sie auf LuaRocks.
- Trage Dokumentation oder Beispiele zu bestehenden Projekten bei.
- Nimm an Diskussionen über die Zukunft der Sprache teil.

Programmiere weiter! Projektideen

Der beste Weg, dein Wissen zu festigen und weiter zu lernen, ist, **Dinge zu bauen**! Hier sind ein paar Ideen für kleine Projekte, um deine Lua-Fähigkeiten zu üben:

1. **Einfaches Textadventure-Spiel:** Verwende Tabellen, um Räume und Gegenstände darzustellen, Funktionen für Spieleraktionen (gehe norden, nimm gegenstand), io.read für Eingaben und print für Beschreibungen.

2. **Konfigurationsdatei-Lader:** Schreibe ein Modul, das eine .lua-Konfigurationsdatei laden kann (wie die in Kapitel 16 gezeigte), ihren Inhalt validiert und Zugriff auf die Einstellungen bietet.

3. **Kommandozeilen-Utility:** Erstelle ein Skript, das eine nützliche Aufgabe vom Terminal ausführt, wie das Umbenennen von Dateien in einem Verzeichnis basierend auf einem Muster (os, string-Bibliotheken), das Berechnen von Worthäufigkeiten in Textdateien (io, string) oder das Abrufen einfacher Daten von einer Web-API (erfordert eine externe HTTP-Bibliothek über LuaRocks, wie lua-requests oder lua-cURL).

4. **Mit einem Game Framework experimentieren:** Lade LÖVE (love2d.org) oder Defold (defold.com) herunter und versuche, ein einfaches 2D-Spiel zu erstellen (wie Pong, Snake oder Asteroids). Dies ist eine großartige Möglichkeit, Lua in einem unterhaltsamen, visuellen Kontext anzuwenden.

5. **Grundlegende C-Integration:** Versuche, eine sehr einfache C-Funktion zu schreiben (wie eine, die zwei Zahlen addiert) und mache sie von Lua aus aufrufbar, unter Verwendung der C-API-Techniken aus Kapitel 14.

Fange klein an, bringe etwas zum Laufen und füge dann nach und nach Funktionen hinzu. Scheue dich nicht, Dokumentation und Beispiele nachzuschlagen.

Abschließende Gedanken

Luas Einfachheit macht es zugänglich, aber seine einzigartigen Merkmale wie erstklassige Funktionen, flexible Tabellen, mächtige Metatabellen und leichtgewichtige Coroutinen bieten bemerkenswerte Tiefe und Anpassungsfähigkeit. Es ist eine Sprache, die keine starren Strukturen aufzwingt, sondern dir stattdessen vielseitige Werkzeuge gibt, um deine eigenen zu bauen.

Der Weg zur Meisterschaft beinhaltet kontinuierliche Übung, Erkundung und Engagement. Baue Projekte, lies von anderen geschriebenen Code, beteilige dich an der Community und höre nie auf, neugierig zu sein. Die Welt von Lua ist riesig und lohnend.